WORDT WAKKER
ISRAEL

"De zon zal veranderd worden in duisternis
en de maan in bloed,
voordat de grote en geduchte dag des Heren komt.
En het zal geschieden dat
ieder die de naam des Heren aanroept,
zal behouden worden,
want op de berg Sion en te Jeruzalem
zal ontkoming zijn, zoals de Here gezegd heeft;
en tot de ontkomenen zullen zij behoren,
die de Here zal roepen."

(Joel 2:31-32)

WORDT WAKKER
ISRAEL

Dr. Jaerock Lee

URIM
BOOKS

ISRAEL WORDT WAKKER door Dr. Jaerock Lee
Gepubliceerd door Urim Books (Vertegenwoordiger: Seongkeon Vin)
235-3, Guro-dong 3, Guro-gu, Seoul, Korea
www.urimbooks.com

Tenzij anders vermeld, zijn alle schriftgedeeltes overgenomen van de Heilige
Bijbel, NBG vertaling. °, Copyright © 1951.

Voorheen gepubliceerd in het Koreaans door Urim Books, Seoul, Korea,
2007

Eerste uitgave April 2012

Bewerkt door Dr. Geumsun Vin
Ontworpen door de uitgeverij van Urim Books
Gedrukt door Yewon Printing Company
Voor meer informatie neem contact op met urimbook@hotmail.com

INLEIDING

Bij het aanbreken van de 20ste eeuw, vonden er een reeks opmerkelijke gebeurtenissen plaats in het onvruchtbare land van Palestina, waarin niemand wilde wonen in die tijd. De Joden die verspreid waren over Oost Europa, Rusland en de rest van de wereld, begon samen te stromen naar een land rijk in distels, armoede, hongersnood, ziekte en foltering. Ondanks een hoog cijfer van noodlot, resulterend in malaria en hongersnood, hebben de joden niet gefaald om hun hoge niveau van geloof en ambities te verliezen, maar begonnen de kibboets te bouwen (een werkplaats in Israël, bijvoorbeeld een boerderij of een fabriek, waar de werkers samen leven en alle plichten en inkomen delen).

Net zoals Theodor Herzl, de Oprichter van het moderne zionisme, argumenteerde, "Als u het wil, dan is het geen droom," werd het herstel van Israël werkelijkheid.

In alle eerlijkheid, werd het herstel van Israël beschouwd als een onmogelijke droom om bereikt te worden en niemand wilde het geloven. De Joden hebben echter die droom vervuld en met de geboorte van de Staat Israël, verkregen ze op wonderlijke wijze een natie voor zichzelf, voor de eerste keer, in ongeveer 1900 jaar.

De mensen van Israël, ondanks eeuwenlange vervolging en foltering terwijl ze verspreid werden in de landen en niet hun eigen, hielden vast aan hun geloof, cultuur, en taal en maakten constant vooruitgang over hen. Na de oprichting van de moderne staat van Israël, hebben zij het onvruchtbare land bebouwd en veel nadruk gelegd op de ontwikkeling van verschillende industrieën, die hun natie toestond om deel te nemen aan de ontwikkelende landen, en zij zijn een opmerkelijk volk die hebben standgehouden en voorspoedig waren temidden van voortdurende uitdagingen en bedreigingen en toch waren ze een natie die het overleefde.

Na de oprichting van de Manmin Centrale Kerk in 1982, heeft God mij heel veel geopenbaard over Israël door de inspiratie van de Heilige Geest, omdat de onafhankelijkheid van Israël een teken van de laatste dagen en de vervulling van de profetieën uit de Bijbel is.

Hoort het woord des Heren, o volken, verkondigt het
in verre kustlanden, en zegt:Hij, die Israël verstrooide,
zal het verzamelen en het behoeden als een herder zijn
kudde. (Jeremia 31:10)

God heeft het volk van Israël gekozen om Zijn voorzienigheid te openbaren waardoor Hij schiep en de mensheid ontwikkelde. Eerst en vooral, maakte God Abraham de "Vader van geloof", en richtte Jakob op, de kleinzoon van Abraham, verkondigend Zijn wil aan de nakomelingen van Jakob en de volheid van de voorzienigheid van de ontwikkeling van de mensheid te bereiken.

Toen Israël geloofde in Gods woord en wandelde overeenkomstig Zijn wil in gehoorzaamheid, genoot het van grote glorie en eer, meer dan alle landen. Wanneer het afstand nam van God, en ongehoorzaam aan Hem was, werd Israël onderworpen aan verschillende folteringen, inclusief de vreemde invallen en de mensen die gedwongen werden om te leven als zwervers in alle hoeken van de aarde.

Ondanks dat Israël vele moeilijkheden heeft doorgemaakt vanwege hun zonden, heeft God hen echter nooit verlaten of vergeten. Israël was altijd verbonden met God, door Zijn verbond met Abraham en God heeft nooit opgegeven om voor hen te werken.

Onder Gods buitengewone zorg en leiding, werd Israël als een volk, altijd behoed, verkreeg het onafhankelijkheid, en werd opnieuw een natie boven alle naties. Hoe konden de mensen van Israël behoed worden en waarom werd Israël herstelt? Vele mensen zeggen, "De overleving van de Joodse natie is een wonder." Als het soort en grote van vervolging en verdrukking die de Joden verdroegen tijdens de Diaspora alle beschrijving en verbeelding te boven gaatbewijst de geschiedenis van Israël alleen al de echtheid van de Bijbel.

En toch zal er een grotere mate van leed en wanhoop komen dan wat de Joden ooit doorgemaakt hebben wanneer de wederkomst van Jezus plaats zal vinden. Natuurlijk zullen de mensen die Jezus hebben aangenomen als hun Redder, opgenomen worden in de lucht en deel nemen aan het Bruiloftsfeest van de Here. Degene die Jezus Christus niet hebben aangenomen als hun Redder, zullen echter niet opgenomen worden in de lucht wanneer de Hij terugkomt, en zullen gedurende zeven jaren lijden in de Grote Verdrukking.

Want zie, de dag komt, brandend als een oven! Dan zullen alle overmoedigen en allen die goddeloosheid bedrijven, zijn als stoppels, en de dag die komt, zal hen in brand steken- zegt de Here der heerscharen – welke hun wortel noch tak zal overlaten. (Maleachi 4:1)

God heeft reeds tot in detail aan mij geopenbaard de rampen die gaan gebeuren tijdens de Zeven jaren van grote verdrukking. Om die reden, is het mijn diepste verlangen, voor het volk Israël, Gods verkozenen, om Jezus, de Redder te aanvaarden, zonder uitstel, zodat niet een van hen achter zal blijven om te lijden tijdens de Grote Verdrukking.

Door de genade van God, heb ik een werk geschreven en toegewijd, welke antwoorden voorziet voor de Joden, na hun eeuwenlange dorst voor de Messias en de eeuwenlange vragen die voortdurend terugkeren.

Dat elke lezer van dit boek het hart van Gods wanhopige boodschap van liefde zal nemen en zonder uitstel de Messias ontmoeten die gezonden werd door God voor de gehele mensheid.

Ik houd van jullie allemaal met heel mijn hart!

November 2007
In het Gethsemane Gebedshuis

Jaerock Lee

Voorwoord

Ik geef alle dank en glorie aan God voor de leiding en zegeningen aan ons om *Wordt wakker Israël!* te publiceren, in de laatste dagen. Dit werk werd gepubliceerd overeenkomstig de wil van God die Israël wil wakker maken en redden, en georganiseerd door de onmetelijke liefde van God, die niet wil dat er ook maar een ziel verloren gaat.

Hoofdstuk 1, "Israël:Gods uitverkorene," legt de redenen van Gods schepping uit en de ontwikkeling van de gehele mensheid op de aarde en Zijn voorzienigheid waardoor Hij het volk van Israël geselecteerd en geregeerd heeft als Zijn uitverkorene, in de geschiedenis van de mensheid. Het hoofdstuk introduceert ook Israëls grote voorvaders als ook onze Here, die naar deze aarde kwam, vanuit het huis van David, overeenkomstig de profetie die de komst van de Redder van alle mensen had voorspelt.

Door de Bijbelse profetieën te bestuderen over de Messias,

getuigt Hoofdstuk 2, "De Messias gezonden door God," van Jezus als zijnde de Messias waarop Israël nog steeds wacht en hoe Hij, overeenkomstig de wet van de lossing van het land, voldoet aan alle kwalificaties als Redder van de mensheid. Bovendien, onderzoekt het tweede hoofdstuk hoe de profetieën vanuit het Oude Testament over de Messias vervuld zijn door Jezus en de relatie tussen de geschiedenis van Israël en de dood van Jezus.

Het derde hoofdstuk, "De God waarin Israël gelooft," neemt een kijk in het volk Israël die nauwkeurig de wet gehoorzamen en zijn tradities, en legt hen uit waarom God welgevallen aan hen heeft. Bovendien, herinnert het hen aan het feit dat ze afstand genomen hebben van de wil van God, vanwege de traditie van de oudsten, die zij voortbrengen, en vermaant het hoofdstuk hen om de echte wil van God te doorgronden voor het geven van de wet in de eerste plaats en om de wet door liefde te vervullen.

Het laatste hoofdstuk "Kijk en luister!" verklaart onze tijden, waarover de Bijbel profeteert als de eindtijd, als ook de dreigende verschijning van de antichrist en een overzicht van de Zevenjarige Grote verdrukking. Bovendien, getuigt het van de twee geheimen van God, welke voorbereidt waren in Zijn oneindige liefde voor Zijn uitverkorenen, zodat het volk van Israël de redding mag bereiken aan het einde van de menselijke ontwikkeling, verzoekt het laatste hoofdstuk de mensen van Israël dringend om de laatste gelegenheid van redding niet voorbij te laten gaan.

Toen de eerste mens Adam de zonde van ongehoorzaamheid deed, en uit de Hof van Eden werd gedreven, liet God hem leven in het land van Israël. Vanaf die tijd, gedurende de geschiedenis van de ontwikkeling van de mensheid heeft God gedurende duizenden jaren gewacht en wacht nog steeds vandaag in de hoop om echte kinderen te verkrijgen.

Er is geen tijd meer voor uitstel of verkwisting. Ik bid ernstig in Zijn naam, dat iedereen tot het besef mag komen dat onze tijd, inderdaad de eindtijd is, en voorbereid zal zijn om onze Heer te ontvangen, die terugkomt, als de Koning der koningen, en de Here der heerscharen.

November 2007
Geumsun Vin, Hoofduitgever

INHOUDSOPGAVE

Inleiding
Voorwoord

Hoofdstuk 1

Israël:Gods uitverkorenen

Hoofdstuk 2

De Messias Gezonden door God

Hoofdstuk 3

De God waarin Israel gelooft

Hoofdstuk 4

Waak en luister!

"De ster van David" een symbool van de Joodse gemeenschap, op de vlag van Israël.

Hoofdstuk 1

ISRAËL: GODS UITVERKORENEN

Het begin van de ontwikkeling van de mensheid

Mozes, Israëls grote leider, die zijn volk vrijzette van de gebondenheid van Egypte en hen leidde naar het geloofde Land van Kanaän en diende als Gods gevolmachtigde, begon Zijn woord in het boek van Genesis als volgt:

In den beginne, schiep God de hemel en de aarde. (1:1)

God schiep de hemel en de aarde en alles erin in zes dagen en rustte, zegende en heiligde de zevende dag. Waarom schiep God de Schepper dan het universum en alles erin? Waarom heeft Hij de mens geschapen en talloze mensen toegestaan sedert Adam om te leven op aarde?

God zocht degene waar Hij voor eeuwig liefde mee kon uitwisselen

Voor de schepping van de hemel en de aarde, bestond de Almachtige God in de onbegrensde universum als het licht waarin de stem was. Na een lange periode van eenzaamheid, verlangde God ernaar om degene te hebben waar Hij eeuwige

Israël: Gods uitverkorenen

liefde mee kon delen.

God bezit niet alleen de goddelijke natuur die Hem beschrijft als de Schepper, maar ook de menselijke natuur waarmee Hij vreugde, boosheid, zorgen en genot voelt.

Dus Hij verlangde ernaar om liefde te geven en te ontvangen met anderen. In de Bijbel, staan vele verwijzingen die laten zien dat God ook een menselijke natuur bezit. Hij had behagen in de rechtvaardige daden van de Israëlieten, (Deuteronomium 10:15; Spreuken 16:7), maar was gegriefd en werd boos op hen wanneer zij zondigden (Exodus 32:10; Numeri 11:1, 32:13).

Er zijn tijden wanneer iemand er naar verlangt om zichzelf te zijn, maar hij wordt vreugdevoller en gezegender wanneer hij een vriend heeft, waarmee hij zijn hart kan delen. Zoals God de menselijke natuur bezit, verlangt Hij ernaar om degene te hebben die Hij Zijn liefde kan geven, wiens hart Hij kan doorgronden, en vice versa.

'Zou het niet vreugdevol en bewogen zijn om kinderen te hebben die Mijn hart kunnen doorgronden en aan wie Ik liefde kan geven en ontvangen, in deze grote maar toch diepgaande wereld?'

Naar zijn verkozen tijd, ontwierp God daarom een plan om echte kinderen te verkrijgen die achter Hem zouden gaan. Tegen dat einde, schiep God niet alleen de geestelijke wereld, maar ook de natuurlijke wereld, waarin de mensheid zou leven.

Sommigen overdenken misschien, 'Er zijn vele hemelse

menigten en engelen in de hemel die alleen maar gehoorzamen. Waarom is God door zoveel moeilijkheden gegaan om de mens te scheppen?' Met uitzondering van enkele engelen, bezitten vele wezens van de hemelse menigte echter geen menselijke natuur, welke het meest betekende element is in het geven en ontvangen van liefde: de vrije wil waardoor ze kunnen kiezen met hun eigen vrije wil. Zulke hemelse wezens zijn als robotten; ze zijn gehoorzaam zoals hun geboden wordt, maar zonder het voelen van vreugde, boosheid, zorgen of plezier, zijn zij niet in staat om liefde te geven of te ontvangen die zijn oorsprong vindt in het diepst van hun hart.

Veronderstel dat er twee kinderen zijn en een van hen, zonder het uitdrukken van zijn emoties, meningen, of liefde is hij gehoorzaam en doet alles zoals het hem opgedragen wordt. Het andere kind, ondanks dat hij zijn ouders van tijd tot tijd teleurstelt, door zijn vrije wil, bekeerd zich snel van zijn verkeerde dingen, klampt zich vast aan zijn ouders in liefde en drukt zijn hart uit op verschillende manieren.

Wie van de twee zou jij verkiezen? U zal waarschijnlijk de laatste kiezen. Ondanks dat u een robbot hebt die alle karweitjes voor u doet, zal niemand van u die robbot verkiezen boven uw eigen kinderen. Evenzo, verkiest God de mens die Hem graag wil gehoorzamen met zijn verstand en emoties, boven de aan robot-gelijkende hemelse menigten en engelen.

Gods voorzienigheid om echte Kinderen te verkrijgen

Na het scheppen van de eerste mens, Adam, vervolgde God met het scheppen van de Hof van Eden en stond hem toe om erover te regeren. Alles was overvloedig in de Hof van Eden en Adam heerste over alle dingen uit zijn vrije wil en de autoriteit die aan hem gegeven werd door God. Er was echter een ding wat God hem had verboden.

En de HERE God legde de mens het gebod op: Van alle bomen in de hof moogt gij vrij eten, maar van de boom der kennis van goed en kwaad, daarvan zult gij niet eten, want ten dage, dat gij daarvan eet, zult gij voorzeker sterven. (Genesis 2:16-17)

Dit was een systeem dat God opgericht heeft tussen God de Schepper en de geschapen mensheid, en Hij wilde dat Adam Hem zou gehoorzamen uit zijn vrije wil en vanuit het diepst van zijn hart. Na een lange periode, faalde Adam echter om Gods woord te onderhouden en zondigde door ongehoorzaam te zijn door te eten van de boom van kennis van goed en kwaad.

In Genesis 3 staat een verhaal waarin de slang, welke aangespoord werd door Satan, aan Eva vroeg, *"God heeft zeker wel gezegd: Gij zult niet eten van enige boom in de hof?"* (v.1) En Eva zei: *"Van de vrucht van de boom, die in het midden van de hof staat, heeft God gezegd: Gij zult daarvan noch eten noch die aanraken; anders zult gij sterven."* (v.2)

God zei duidelijk tot Eva, "De dag dat u ervan eet, zult u zeker sterven," maar ze veranderde Gods gebod en zei, "Zult u sterven."

Toen de slang besefte dat Eva Gods gebod niet zo nauwkeurig opnam, werd de slang nog agressiever met de verleidingen. "Gij zult niet sterven!" zei hij tegen Eva. En hij voegde eraan toe, *"maar God weet, dat ten dage, dat gij daarvan eet, uw ogen geopend zullen worden, en gij als God zult zijn, kennende goed en kwaad."* (v.5)

Toen Satan in hebzucht blies in de gedachten van de vrouw, begon de boom van kennis van goed en kwaad er anders uit te zien in haar ogen. De boom zag er goed uit, en was begeerlijk voor de ogen, en de boom was een verlangen van haar om wijs te worden. Eva at van de vrucht en gaf het ook aan haar man, die er ook van at.

Dit is de manier waarop Adam en Eva zondigden door ongehoorzaam te zijn aan het woord van God, en uiteindelijk gingen ze de dood tegemoet (Genesis 2:17).

Hier, verwijst "dood" niet alleen naar de vleselijke dood, waarbij de ademhaling stopt in het menselijke lichaam, maar ook de geestelijke dood. Na het eten van de boom van kennis van goed en kwaad, gaf Adam geboorte aan kinderen en stierf op een leeftijd van 930 jaar (Genesis 5:2-5). Vanuit dit oogpunt weten we dat de "dood" hier niet verwijst naar de lichamelijke dood.

De mens is oorspronkelijk geschapen als een mengeling van geest, ziel en lichaam. Hij bezat de geest waardoor hij kon communiceren met God; de ziel die onder de beheersing van de geest was; en het lichaam welke diende als een schild voor zowel de geest als de ziel. Als gevolg van het verlaten van Gods gebod en te zondigen, stierf de geest en ook zijn communicatie met God werd afgescheiden, en dit is de "dood" waarover God sprak in Genesis 2:17.

Na hun zonde, werden Adam en Eva verdreven uit de mooie en overvloedige Hof van Eden. En toen begon de marteling voor de gehele mensheid. De pijn in het baren van kinderen werd vermeerderd voor de vrouw die nu haar man begeerde en overheerst werd door hem, terwijl de man moest eten van de vervloekte grond in het zweet, alle dagen van zijn leven (Genesis 3:16-17).

Hierover zegt Genesis 3:23 ons, *"Toen zond de HERE God hem weg uit de hof van Eden om de aardbodem te bewerken, waaruit hij genomen was."* Hier betekent, "de aardbodem bewerken" niet alleen het harde werk van de man om te eten van de grond, maar ook het feit dat hij – gevormd werd van het stof van de grond – wat ook betekend dat hij "zijn hart moest bewerken" terwijl hij op aarde leefde.

De ontwikkeling van de mensheid begon toen Adam zondigde

Adam werd geschapen als een levend wezen en had geen boosheid in zijn hart, dus was het niet noodzakelijk voor hem om zijn hart te bewerken. Na zijn zonde, werd Adam's hart echter bezoedeld met de leugen en daarna moest hij zijn hart gaan bewerken tot een rein hart zoals het was voor de zonde.

Dus Adam moest zijn hart, welke corrupt was door de leugens en de zonden bewerken tot een rein hart en moest een echt kind van God worden na de zonde. Wanneer de Bijbel zegt: "God zond hem weg uit de Hof van Eden, om de aardbodem te bewerken, waaruit hij genomen was." Betekent het dit, en verwijst het naar "Gods ontwikkeling van de mensheid."

Behoudend, verwijst "bewerken" naar een procedure waarin de boer zaad zaait, voor zijn oogst zorgt, en de vruchten oogst. Om de mensheid "te ontwikkelen" op de aarde en de goede vruchten te verkrijgen, dan betekent dat "echte kinderen van God" zaaide God de eerste zaden, Adam en Eva. Door de ongehoorzaamheid van Adam en Eva, werden talloze kinderen geboren en door Gods ontwikkeling van de mensheid, werden talloze wederomgeboren als kinderen van God, door hun harten te bewerken en het verloren beeld van God te herstellen.

Dus "Gods ontwikkeling van de mensheid" verwijst naar het gehele proces waarin God de verantwoordelijkheid neemt en regeert over de geschiedenis van de mensheid, vanaf hun schepping tot het oordeel, om zo echte kinderen te verkrijgen.

Israël: Gods uitverkorenen

Net zoals een boer overstromingen, droogtes, vriezen, hagel en het ongedierte na het zaaien van het eerste zaad overwint maar uiteindelijk mooie en begeerlijke vruchten oogst, heeft ook God alles onder controle om echte kinderen te verkrijgen, die opstaan nadat ze de dood, ziekte, verdeeldheid en andere soorten van lijden overwonnen hebben tijdens hun leven op aarde.

De reden waarom God de boom van kennis van goed en kwaad geplaatst heeft in de Hof van Eden

Sommige mensen vragen, "Waarom plaatste God de boom van kennis van goed en kwaad waardoor de mens in zonde verviel en geleid werd tot vernietiging?" De reden waarom God de boom van kennis van goed en kwaad plaatste, komt echter door Gods wonderlijke voorzienigheid waardoor Hij de mens zou leiden tot bewustzijn van de "betrekkelijkheid".

De meeste mensen veronderstellen dat Adam en Eva alleen maar gelukkig waren in de hof van Eden, omdat er geen tranen, ziekte of foltering waren in de Hof. Maar Adam en Eva kenden geen echt geluk en liefde, omdat zij geen idée hadden door de betrekkelijkheid in de Hof van Eden.

Bijvoorbeeld, hoe zouden twee kinderen reageren als zij beiden het zelfde stuk speelgoed zouden krijgen, wanneer het ene kind geboren en opgevoed werd in een rijk gezin en het andere kind in een gezin met armoede? Het laatste kind zal veel dankbaarder en vreugdevoller zijn vanuit het diepst van zijn hart, dan het kind met de rijke achtergrond.

Wanneer u de echte waarde van iets begrijpt, moet u ook het tegenovergestelde compleet kennen en ervaren. Alleen als u aan ziektes geleden hebt, zult u in staat zijn om om de echte waarde van een goede gezondheid te waarderen. Alleen wanneer u zich bewust bent van de dood en de hel, zult u in staat zijn om de waarde van het eeuwige leven te waarderen en de God van liefde te danken vanuit uw hart voor het geven van de eeuwige hemel.

In de overvloedige Hof van Eden, genoot de mens Adam van alles wat God hem gegeven had, zelfs van de autoriteit die hij ontvangen had om over elk ander schepsel te heersen. Omdat het echter niet de vruchten van zijn harde werk en zweten was, was Adam niet in staat om de belangrijkheid ervan volledig te grijpen of God ervoor te waarderen. Enkel nadat Adam verdreven werd in de wereld en tranen, zorgen, ziekte, foltering, ongeluk ging ervaren, besefte hij het verschil tussen vreugde en verdriet en hoe waardevol de vrijheid en voorspoed waren die God hen had gegeven in de Hof van Eden.

Welk goed zou het eeuwige leven voor ons hebben als wij niet weten wat vreugde of zorgen zijn? Ondanks dat we moeilijkheden tegenkomen, gedurende een korte periode, als wij later kunnen beseffen en zeggen, *"Dit is vreugde!"* zullen onze levens veel waardevoller en gezegender worden.

Zijn er ouders die hun kinderen niet naar school sturen, maar hen thuis laten, omdat ze weten dat studeren moeilijk is? Als de ouders werkelijk van hun kinderen houden, dan zullen ze hun kinderen naar school sturen en hen ijverig leiden in het studeren van de moeilijkere vakken en om verschillende dingen te ervaren zodat ze een betere toekomst kunnen bouwen.

Het hart van God, Die de mensheid schiep en hen ontwikkelt heeft, is nog steeds Dezelfde. Om die reden, plaatste God de boom van kennis van goed en kwaad, en nam geen voorzorg om te voorkomen dat Adam van de boom zou eten met zijn vrije wil, en stond hem toe om vreugde, boosheid, zorgen en genot te ervaren tijdens de reis van ontwikkeling van de mensheid. Dat komt omdat de mensheid van God kan houden en Hem kan aanbidden, die Zelf liefde en waarheid is, vanuit het diepst van zijn hart de relativiteit en omvang van echte liefde, vreugde en dankbaarheid kan ervaren.

Door het proces van de menselijke ontwikkeling, wilde God echte kinderen verkrijgen die Zijn hart zouden kennen en erachter aan zouden gaan en om met hen te leven in de hemel, echte liefde met hen te delen voor eeuwig.

De ontwikkeling van de mensheid begint in Israel

Toen de eerste mens Adam uit de Hof van Eden verdreven werd, nadat hij ongehoorzaam was aan het woord van God, kreeg hij niet het recht om het land te verkiezen om zich te vestigen, maar God wees hem een plaats aan. En die plaats was Israël.

Daarin was Gods wil en voorziening vastgesteld. Na het

koesteren van een groot plan om de mensheid te ontwikkelen, verkoos God het volk Israël als een model voor de menselijke ontwikkeling. Om die reden stond God Adam toe om een nieuw leven te hebben in een land waar de natie Israël gebouwd zou worden.

Terwijl de tijd verstreek, ontstonden er talloze naties uit Adam's nageslacht en de natie Israël werd gebouwd in de periode van Jakob, een afstammeling van Abraham. God verlangde ernaar om Zijn glorie en Zijn voorziening voor de ontwikkeling van de mensheid te openbaren door de geschiedenis van de Israël. Het was niet alleen voor de Israelieten, maar voor alle mensen van de wereld. Daarom is de geschiedenis van Israel, welke God Zelf in de hand heeft niet alleen een gescheidenis van een volk, maar ook een Goddelijke boodschap voor de gehele mensheid.

Waarom dan verkoos God Israël als een model van de ontwikkeling van de mensheid? Dat kwam door hun voortreffelijke karakter, met andere woorden, hun uitmuntende binnenste.

Israël is een nakomeling van de "vader van geloof" Abraham, in wie God welgevallen had, en ook een nakomeling van Jakob, die zo vasthoudend was, dat hij worstelde met God en overwon. Dat is de reden waarom het volk van Israël, zelfs na het verliezen van hun vaderland en gedurende eeuwen leefden als zwervers, hun identiteit niet verloren.

Bovenal, heeft het volk Israël standgehouden, gedurende

duizenden jaren, door het woord van God wat door mannen van God geprofeteerd was, en hebben het geleefd. Er zijn natuurlijke tijden geweest waarin de gehele natie afstand nam van Gods woord en tegen Hem zondigden, maar uiteindelijke bekeerden de mensen zich en keerden terug tot God. Ze hebben nooit hun geloof in hun Here God verloren.

Het herstel van een onafhankelijke staat Israel in de 20ste eeuw laat duidelijk zien wat voor soort hart het volk heeft, als nakomelingen van Jakob.

Ezechiël 38:8 zegt ons, *"Na geruime tijd zult gij een bevel ontvangen; in toekomende jaren zult gij optrekken tegen het land dat zich van de krijg hersteld heeft, (een volk) dat uit het gebied van vele volken bijeengebracht is op de bergen Israëls die tot een blijvende wildernis waren geworden, maar het is uit de volken uitgeleid; allen wonen zij in gerustheid."* Hier, verwijst "de toekomende jaren" naar de eindtijd, wanneer de ontwikkeling van de mensheid het einde nadert en "de bergen van Israel" verwijst naar de stad Jeruzalem, welke gelegen is op bijna 760 m (2,494 feet) boven de zeespiegel.

Daarom, wanneer de profeet Ezechiël zegt dat vele "inwoners bijeen gebracht zullen worden vanuit vele landen naar Israel" betekende dit dat de Israelieten zich zouden verzamelen van over de gehele wereld en de staat Israel zouden herstellen. Overeenkomstig dit woord van God, welke vernietigd werd door de Romeinen in 70 NC, verklaarde zichzelf als Natie op 14 Mei 1948. Het land was niets anders dan een "voortdurende verkwisting" maar vandaag hebben de Israelieten een sterke natie gebouwd, welke niet over het hoofd kan gezien worden of uitgedaagd kan worden.

Het doel van God om de Israelieten te verkiezen

Waarom begon God de ontwikkeling van de mensheid in het land Israel? Waarom verkoos God het volk Israel, en regeerde over de geschiedenis van Israel?

Ten eerste, wilde God aan alle volken in de geschiedenis van Israel verkondigen, dat Hij de Schepper van de hemel en de aarde is, en dat Hij alleen de echte God is, en dat Hij leeft. Door de geschiedenis van Israel te bestuderen, kunnen zelfs de heidenen gemakkelijk de tegenwoordigheid van God voelen en de grootheid van Zijn voorziening om te regeren over de geschiedenis van de mensheid zien.

Dan zullen alle volken der aarde zien, dat de naam des HEREN over u uitgeroepen is, en zij zullen voor u vrezen. (Deuteronomium 28:10)

Welzalig zijt gij, Israël; wie is aan u gelijk? Een volk, verlost door de HERE, die het schild uwer hulp en het zwaard uwer hoogheid is. Daarom zullen uw vijanden veinzen u hulde te brengen, en gij zult op hun hoogten treden. (Deuteronomium 33:29)

Israël: Gods uitverkorenen

Gods verkorene, Israël heeft genoten van het grote voorrecht, en we kunnen het gemakkelijk terugzien in de geschiedenis van Israel.

Bijvoorbeel, toen Rachab de twee mannen ontving die Jozua had uitgezonden om het land Kanaan te verspieden, zei ze tot hen, *"Ik weet dat de HERE u het land gegeven heeft en dat de schrik voor u op ons gevallen is en dat alle inwoners van het land voor u sidderen. Want wij hebben gehoord, dat de HERE de wateren van de Schelfzee voor uw ogen heeft doen opdrogen, toen gij uittoogt uit Egypte, en wat gij gedaan hebt aan de beide koningen der Amorieten aan de overzijde van de Jordaan, Sichon en Og, die gij met de ban geslagen hebt. Toen wij dat hoorden, versmolt ons hart en vanwege u bleef bij niemand meer enige moed over, want de HERE, uw God, is een God in de hemel boven en op de aarde beneden."* (Jozua 2:9-11).

Tijdens het ballingschap van Israël in Babylon, wandelde Daniel met God en Nebukadnessar, de koning van Babylon, ervoer God met wie Daniel wandelde. Nadat de koning God dit ervoer, kon hij enkel zeggen, *"Nu roem, verhef en verheerlijk ik, Nebukadnessar, de Koning des hemels, wiens werken alle waarheid en wiens paden recht zijn, en die hen die in hoogmoed wandelen, vermag te vernederen."* (Daniel 4:37)

Hetzelfde gebeurde toen Israël onder de regering van Perzië was. Toen ze zagen, dat de levende God aan 't werk was, en het gebed van Ester verhoorde, *"werden velen uit de volken des lands Joden, want de schrik voor de Joden was op hen gevallen."* (Ester 8:17)

Dus, zelfs de heidenen, die de levende God ervoeren, Die werkte voor de Israelieten, begonnen God te vrezen en te aanbidden. En zelfs de voorspoed welke we leren kennen van de majesteit van God en Hem aanbidden voor zulke gebeurtenissen en voorbeelden.

Ten tweede, God verkoos de Israelieten en leidde het volk, omdat Hij wilde dat de gehele mensheid de reden van de geschiedenis van Israel zou beseffen, de reden waarom Hij de mens geschapen had en hen ontwikkelde.

God ontwikkelt de mensheid omdat Hij echte kinderen zoekt. Een echt kind van God is degene die achter God aangaat, welke goedheid en liefde is, en Die heilig en rechtvaardig is. Dat komt omdat zo'n kinderen van God Hem liefhebben en leven door Zijn wil. God ontwikkelt de mensheid, omdat Hij echte kinderen wil verkrijgen.

Toen Israel leefde door Gods geboden en Hem diende, plaatste Hij Israël boven alle andere volken en landen. In tegenstelling tot wanneer het volk van Israël afgoden dienden en de geboden van God verlieten, werden zij onderworpen aan allerlei soorten folteringen en rampen zoals oorlog en natuurrampen of zelfs tot gevangenschap.

Door elke stap in het proces, leerden de Israelieten om zichzelf voor God te vernederen, en elke keer wanneer zij zich voor God vernederden, herstelde God hen in Zijn oneindige genade en liefde en bracht hen in Zijn armen van genade.

Toen koning Salomo van God hield en Zijn geboden onderhield, genoot hij van de grote glorie en pracht, maar toen de koning afstand van God begon te nemen en afgoden diende, verviel de glorie en de pracht waar hij van genoot. Toen de koningen van Israel, zoals David, Jehosafat en Hizkia, wandelden in de wet van God, was het land krachtig en voorspoedig, maar was het zwak en onderworpen aan vreemde invallers gedurende de regerende koningen die afdwaalden van Gods wegen.

De geschiedenis van Israel laat op deze manier duidelijk Gods wil zien, zoals een Spiegel die Gods wil reflecteren aan alle volken en landen. Zijn wil beweert dat wanneer mensen gevormd naar Gods beeld en gelijkenis Zijn geboden bewaren en geheiligd worden overeenkomstig Zijn woord, Gods zegeningen zullen ontvangen en leven in Zijn gunst.

Israel was verkoren door Gods geopenbaarde voorziening onder alle volken en landen, en heeft enorme zegeningen ontvangen door Hem te dienen als de natie van priesters die verantwoordelijk zijn voor Gods woord. Zelfs wanneer het volk zondigde, vergaf God hun zonden en herstelde hen, zolang ze zich maar bekeerden met een nederig hart, net zoals Hij beloofd had aan hun grote voorvaders.

Bovenal de grootste zegening die God belooft had, en opzij had gezet voor Zijn verkorenen was de ontzagwekkende belofte van heerlijkheid dat de Messias onder hen zou komen.

Grote voorvaders

Door de lange geschiedenis van de mensheid, heeft God Israël beschermt onder Zijn vleugels en heeft mannen van God gezonden op Zijn aangewezen tijd zodat de naam van Israël niet zou verdwijnen. De mannen van God waren degene die voortkwamen als goede vruchten in overeenstemming met de voorziening van Gods ontwikkeling voor de mensheid en verbleven in het woord van God met de liefde voor Hem. God legde het fundament van de natie van Israel door de grote voorvaders van Israël.

Abraham, de vader van geloof

Abraham werd aangeduid als de vader van geloof door zijn geloof en gehoorzaamheid, en stond op het punt om een grote natie voort te brengen. Hij werd ongeveer vierduizend jaar geleden geboren in het land Ur van de Chaldeeën, en nadat hij door God geroepen werd, verkreeg hij Gods liefde en erkenning tot op het punt dat hij Gods "vriend" genoemd werd. God riep tot Abrahem en deed hem de volgende belofte:

Ga uit uw land en uit uw maagschap en uit uws

vaders huis naar het land, dat Ik u wijzen zal; Ik zal u tot
een groot volk maken, en u zegenen, en uw naam groot
maken, en gij zult tot een zegen zijn. (Genesis 12:1-2)

Tegen de tijd dat Abraham niet langer een jonge man was, geen erfgenaam had, en geen idee had waar hij heenging, was gehoorzamen daarom niet het gemakkelijkste om te doen. Ondanks dat Abraham niet wist waar hij heenging, ging Abraham toch door omdat hij enkel en alleen in het woord van God vertrouwde, Die nooit zijn beloften zou verbreken. Dus wandelde Abraham in geloof in alles wat hij deed, en tijdens de loopbaan van zijn leven ontving hij alle zegeningen die God beloofd had.

Abraham toonde niet alleen volkomen gehoorzaamheid aan God en daden van geloof, maar jaagde altijd goedheid en vrede na met alle mensen om zich heen.

Bijvoorbeeld, toen Abraham Haran verliet overeenkomstig Gods gebod, ging zijn neef Lot met hem mee. Toen hun bezitting groot werden, waren Abraham en Lot niet meer in staat om hetzelfde land te delen. Het gebrek aan weiden en water, bracht *"getwist voort tussen de herders van Abraham en die van Lot"* (Genesis 13:7). Ondanks dat Abraham veel ouder was, zocht of drong hij niet zijn eigen voordelen op. Hij stond toe dat zijn neef Lot het betere land verkoos. Hij zei tot Lot in Genesis 13:9, *"Het is maar beter dat we uiteengaan. Het hele land ligt voor je open. Als jij naar links gaat, ga ik naar rechts; als jij naar rechts gaat, ga ik naar links."*

En omdat Abraham een man met een rein hart was, nam hij noch een draad noch schoenriem aan of iets wat van iemand was (Genesis 14:23). Toen God hem zei dat Hij de steden van Sodom en Gomorra, die doorweekt waren van zonden zou vernietigen, smeekte Abraham, een man van geestelijke liefde, bij God en ontving Zijn woord dat Hij Sodom niet zou vernietigen, als er tien rechtvaardigen in de stad gevonden werden.

De goedheid en het geloof van Abraham waren volmaakt zelfs tot het punt van Zijn gehoorzaamheid aan het gebod van God, die hem opriep om het leven van zijn zoon te brengen als een brandoffer.

In Genesis 22:2, beval God Abraham, *"Neem toch uw zoon, uw enige, die gij liefhebt, Isaak, en ga naar het land Moria, en offer hem daar tot een brandoffer op een der bergen, die Ik u noemen zal."*

Isaak werd aan Abraham geboren toen Abraham honderd jaar oud was. Voordat Isaak geboren werd, had God hem al verteld dat degene die voort zou komen uit zijn eigen lichaam, zijn erfgenaam zou zijn en dat zijn nakomelingen gelijk zouden zijn aan het aantal sterren. Als Abraham zijn vleselijke gedachten had gevolgd, dan was hij zeker niet in staat geweest om te voldoen aan het gebod van God om Isaak te offeren. En toch gehoorzaamde Abraham onmiddellijk zonder naar enige reden te vragen.

Op het moment dat Abraham zijn hand uitstrekte om Isaak te doden, nadat hij het altaar had gebouwd, riep de engel des

Heren hem en zei, *"Abraham, Abraham! En hij zeide:Hier ben ik. En Hij zeide:Strek uw hand niet uit naar de jongen en doe hem niets, want nu weet Ik, dat gij godvrezend zijt, en uw zoon, uw enige, Mij niet hebt onthouden."* (Genesis 22:11-12) Hoe gezegend en aangrijpend is dit verhaal?

Terwijl hij nooit op zijn vleselijke gedachten steunde, waren er geen conflicten of wanhoop in het hart van Abraham en kon hij enkel Gods gebod door geloof gehoorzamen. Hij plaatste zijn vertrouwen volkomen in de getrouwe God, die zeker vervuld datgene wat Hij beloofd, de almachtige God die de doden opwekt, en de God van liefde die ernaar verlangt om Zijn kinderen het goede te geven. Terwijl Abrahams hart enkel gehoorzaam was en de daden van geloof liet zien, aanvaarde God Abraham als de vader van geloof.

Omdat gij dit gedaan hebt, en uw zoon, uw enige, Mij niet onthouden hebt, zal Ik u rijkelijk zegenen, en uw nageslacht zeer talrijk maken, als de sterren des hemels en als het zand aan de oever der zee, en uw nageslacht zal de poort zijner vijanden in bezit nemen. En met uw nageslacht zullen alle volken der aarde gezegend worden, omdat gij naar mijn stem gehoord hebt. (Genesis 22:16-18)

Toen Abraham het soort en omvang van goedheid en geloof had, welke God behaagde, werd hij een "vriend" van God genoemd en beschouwd als de vader van geloof. Hij werd ook de vader van alle naties en de bron van alle zegeningen zoals God hem had beloofd toen Hij hem eerst riep, *"Ik zal zegenen wie u zegenen, en wie u vervloekt zal Ik vervloeken, en met u zullen alle geslachten des aardbodems gezegend worden."* (Genesis 12:3)

Gods voorziening door Jakob, de vader van Israël, en Jozef, de Dromer

Isaak werd geboren aan de vader van het geloof en de twee zonen Esau en Jakob werden geboren aan Isaak. God verkoos Jakob, wiens hart superieur was aan dat van zijn broer, toen hij nog in de baarmoeder van zijn moeder was. Jakob zou later "Israël" genoemd worden, en de oorsprong van de natie van Israël worden en de vader van de twaalf stammen.

Naar de mate zijn oudere broer Esau zijn geboorterecht verkocht voor linzen en de zegeningen van zijn broer Esau weg rukte door zijn vader Isaak te bedriegen, verlangde Jakob vurig naar de zegeningen van God en de geestelijke zaken. Jakob had bedriegelijke trekken van zichzelf, maar God wist dat eens Jakob veranderd zou zijn, hij een geweldig groot vat zou worden. Om die reden stond God toe dat Jakob door twintig jaren van beproevingen ging, zodat zijn ik volledig gebroken zou worden en hij nederig zou zijn.

Toen Jakob het geboorterecht van zijn oudere broer wegrukte op een geslepen manier, probeerde Esau hem te vermoorden en moest Jakob voor hem vluchten. Na dit alles, ging Jakob bij zijn oom Laban leven en weidde zijn schapen en geiten. Dus hij beleed in Genesis 31:40, *"Zo ging het mij:des daags sloopte mij de hitte en des nachts de koude, en de slaap week van mijn ogen."* God betaalt elk individu terug overeenkomstig datgene wat hij gezaaid heeft. Hij zag dat Jakob dit getrouw deed, en zegende hem met grote rijkdom. Toen Gd hem zei om terug te gaan naar zijn vaderland, verliet Jakob Laban en maakte zich gereed om naar huis te gaan met zijn gezin en bezittingen. Toen hij de rivier Jabbok bereikte, hoorde Jakob dat zijn broer Esau aan de andere kant van de rivier was met 400 mannen.

Jakob kon niet terugkeren naar Laban vanwege de belofte die hij had gemaakt met zijn oom. Noch kon hij de rivier doorkruisen en naar Esau gaan die brande van woede, en wraak. Zichzelf teurgvindend in zo'n positie, leunde Jakob niet langer op zijn eigen wijsheid, maar gaf alles over aan God in gebed. Zichzelf volledig bevrijdend van elke bedenksel, smeekte Jakob ernstig in gebed tot God, zelfs tot het punt dat zijn heup werd ontwricht.

Jakob streed met God en overwon, dus God zegende hem en zei, *"Uw naam zal niet meer Jakob luiden, maar Israël, want gij hebt gestreden met God en mensen, en gij hebt overmocht."* (Genesis 32:28). Toen kon Jakob zich ook verzoenen met zijn broer Esau.

De reden waarom God Jakob verkoos was, omdat hij zo volhardend en rechtvaardig was dat door de beproevingen, hij in staat zou zijn om een groter vat te worden om een veelbetekende rol te spelen in de geschiedenis van Israël.

Jakob had twaalf zonen en de twaalf zonen legden de fundamenten om de natie Israël te vormen. Omdat ze echter een zuivere stam waren, plande God een plaats voor hen binnen de grenzen van Egypte, welke een machtig land was, totdat de nakomelingen van Jakob een grote natie konden worden.

Dit was een plan van de liefde van God, die hen zou beschermen tegen alle andere naties. De persoon die toevertrouwd werd met deze monumentale taak was Jozef, de elfde zoon van Jakob.

Onder zijn twaalf zonen, had Jakob een opmerkelijke voorliefde voor zijn zoon Jozef, dat hij hem bekleedde met een veelkleurige mantel enzovoort. Jozef werd het doelwit van de haat van zijn broers en jaloezie en werd tot slavernij verkocht in Egypte door zijn broers toen hij zeventien jaar was. Maar hij klaagde nooit of verachtte zijn broers.

Jozef werd verkocht aan het huis van Potifar, Farao's officier, het hoofd van de lijfwacht. Daar werkte hij ijverig en getrouw en won de genegenheid en vertrouwen van de potifar. Daarom werd Jozef de opziener over Potifars huis en werd zijn gehele huis aan hem toevertrouwd.

Toch ontstond er een probleem. Jozef was knap in voorkomen en verschijning en de vrouw van zijn meester begon hem te verleiden. Jozef was oprecht en vreesde God, dus toen zij hem verleidde, zei hij vrijmoedig tegen haar, *"Niemand is in dit huis machtiger dan ik, en hij heeft mij niets onthouden dan alleen u, omdat gij zijn vrouw zijt; hoe zou ik dan dit grote kwaad doen en zondigen tegen God?"* (Genesis 39:9)

Na dit alles, op haar onterechte beschuldigingen, werd Jozef gevangen genomen, in de gevangenis van de koning. Zelfs in de gevangenis was God met Jozef, en met Gods gunst aan zijn zijde, was Jozef spoedig verantwoordelijk voor alles wat gedaan moest worden in de gevangenis.

Door deze stappen op zijn weg, was Jozef in staat om wijsheid te verkrijgen waardoor hij later een natie zou kunnen leiden, zijn politieke plaatsing ontwikkelen, en een groot vat worden om vele mensen te omarmen in zijn hart.

Nadat hij Farao's dromen had uitgelegd, en zelfs wijze oplossingen gaf om de problemen op te lossen, die de Farao en zijn volk zouden ondergaan, werd Jozef de onderkoning van Egypte, onder Farao. Dus, door Gods diepgaande voorziening en door de vele moeilijkheden waar Jozef door ging, plaatste God Jozef in de positie van onderkoning, op dertigjarige leeftijd, in één van de machtigste landen in die tijd.

Net zoals Jozef de dromen van Farao had voorspeld, kwamen er zeven jaren van hongersnood in het Nabije Oosten, inclusief Egypte en omdat hij alle voorbereiding had getroffen voor deze gebeurtenis, kon Jozef voedsel geven aan alle Egytenaren. Jozefs broers kwamen naar Egypte op zoek naar voedsel, verenigden zich met hun broer en de rest van de familie vestigde zich spoedig in Egypte, waar zij een leven in voorspoed leefden en hun weg baanden om geboren te worden als de natie Israël.

Mozes:een grote leider, die de Exodus tot werkelijkheid bracht

Nadat ze zich in Egypte hadden gevestigd, steeg het aantal nakomelingen van Israël in aantallen en in voorspoed en zij werden spoedig groot en waren groot genoeg om zelf een natie te vormen.

Toen een nieuwe koning, die Jozef niet gekend had, aan de macht kwam, begon hij zichzelf te wapenen tegen de voorspoed en kracht van Israëls nakomelingen. De koning en de ministers begonnen het leven van de Israelieten bitter te maken door hen hard te laten werken in mortel en stenen en allerlei soorten werk in het veld, al hun arbeid welke zij onder strenge toezicht moesten verrichten (Exodus 1:13-14).

Echter, *"Hoe meer men hen verdrukte, des te meer vermenigvuldigden zij zich en breidden zich uit."* (Exodus 1:12). Farao droeg spoedig daarna op om alle jongetjes bij de geboorte te vermoorden. Op het horen van Israëls roep om hulp vanwege hun gebondenheid, herinnerde God Zijn verbond met Abraham, Isaak en Jakob.

Ik zal aan uw nageslacht het land, waarin gij als vreemdeling vertoeft, het ganse land Kanaän, tot een altoosdurende bezitting geven, en Ik zal hun tot een God zijn. (Genesis 17:8)

En dit land, dat Ik Abraham, en Isaak gegeven heb, zal

Israël:Gods uitverkorenen

Ik u geven; en voor uw nageslacht zal Ik dit land geven.
(Genesis 35:12)

Om de zonen van Israël uit hun foltering te leiden en hen te brengen in het land Kanaän, bereidde God een man voor, die onvoorwaardelijk Zijn geboden zou gehoorzamen en Zijn volk zou leiden met Zijn hart.

Die persoon was Mozes. Zijn ouders verborgen Mozes gedurende drie maanden vanaf zijn geboorte, maar toen zij hem niet langer konden verbergen, legden zij hem in een rieten mandje, en plaatsten het mandje tussen het riet van de oevers van de Nijl. Toen de dochter van Farao het kind ontdekte in het rieten mandje, en bestoot om hem op te voeden als haar eigen zoon, gaf de zuster van de baby, die op een afstand volgde, de raad aan de dochter van Farao om Mozes op te laten voeden door zijn biologische moeder als een verpleegster.

Mozes werd dus opgevoed in het koninklijke paleis en door zijn biologische moeder, dus hij groeide op en leerde over God en de Israelieten, zijn eigen volk.

Toen op een dag, zag hij dat een Hebreer, broeder geslagen werd door een Egyptenaar, en in boosheid eindigde hij in het vermoorden van de Egyptenaar. Toen dit bekend werd, vluchtte Mozes weg uit de tegenwoordigheid van Farao, en vestigde zich in het land Midjan. Hij weidde gedurende veertig jaren schapen, en dit was een deel van de voorziening van God, die Mozes uit probeerde en trainde als de leider van de Exodus.

Op Gods aangewezen tijd, riep Hij Mozes en beval hem om de Israelieten van uit Egyte naar Kanaan te leiden, een land vloeiend van melk en honing.

Terwijl Farao zijn hart had verhard, luisterde hij niet naar het gebod van God wat door Mozes gegeven werd. Als gevolg, bracht God tien plagen over Egypte en bracht de Israelieten met geweld uit het land Egypte.

Enkel na de dood van hun eerstgeboren zonen knielden Farao en zijn volk voor God en kon het volk Israël vrijgezet worden van hun gebondenheid. God Zelf leidde de Israelieten iedere stap van hun weg; God scheidde de Schelfzee, zodat ze over droog land konden oversteken. Wanneer zij geen water hadden om te drinken, liet God water uit de rots komen, en wanneer er geen voedsel was om te eten, zond God manna en kwartels. God verrichtte deze wonderen en tekenen door Mozes om de overleving van miljoenen Israelieten te verzekeren in de wildernis gedurende veertig jaren.

De getrouwe God leidde Zijn volk Israël in het land Kanaan door Jozua, Mozes opvolger. God hielp Jozua en zijn volk om de Rivier de Jordaan over te steken door Gods weg en stond hen toe om de stad Jericho te verroveren. En in Zijn wegen, stond God hen toe om bijna het gehele land Kanaan, vloeiend van melk en honing, te overwinnen en in te nemen.

Natuurlijk was de overwinning van Kanaan niet alleen Gods zegen voor de Israelieten, maar ook het gevolg van Zijn rechtvaardig oordeel tegen de inwoners van Kanaan, die corrupt

Israël: Gods uitverkorenen

waren in zonde en boosheid. De bewoners van het land Kanaän, werden heel corrupt en werden gedwongen tot onderwerping aan het oordeel, en toen in Zijn gerechtigheid, leidde God de Israelieten om het land in bezit te nemen.

Zoals God tot Abraham, had gesproken, *"Het vierde geslacht echter zal hierheen wederkeren."* (Genesis 15:16), Abrahams nakomelingen, Jakob en zijn zonen verlieten Kanaän voor Egypte, gingen daar wonen, en hun nakomelingen keerden terug naar het land Kanaän.

David bevestigt een machtig Israël

Na de verovering van het land Kanaän, regeerde God over Israël door richters en profeten gedurende de periode van de Richters en daarna werd Israël een koninkrijk. Door de regering van Koning David, die God boven alles lief had, werden de fundamenten voor een natie gelegd.

In zijn jeugd, doodde David een grote Filistijnse oorlogsvoerder met een slinger en een steen, en als erkenning voor zijn bewezen dienst op het oorlogsgebied, werd David aangesteld over de krijgsmannen van het leger van Koning Saul. Toen David terugkwam na het verslaan van de Filistijnen, zongen en dansten vele vrouwen, zeggend, "Saul heeft duizenden verslaan, maar David zijn tienduizenden." En alle Israelieten begonnen David lief te hebben. Koning Saul plande een complot om David te doden uit jaloezie.

Te midden van Sauls wanhopige achtervolgingen, had David

twee gelegenheden om de koning te doden, maar hij weigerde de koning te doden, die door God Zelf gezalfd was. Hij deed enkel goed aan de koning. Tijdens een gelegenheid, boog David met zijn aangezicht ter aarde, zichzelf uitstrekkend en zei tot koning Saul, *"Zie eens, mijn vader, zie toch de slip van uw mantel in mijn hand! Want hieruit, dat ik de slip van uw mantel afgesneden heb zonder u te doden, kunt gij duidelijk opmaken, dat ik tegen u niets heb misdaan; gij echter legt het erop toe mij het leven te benemen."* (1 Samuel 24:12)

David, een man naar Gods eigen hart, jaagde in alle dingen naar goedheid, zelfs toen hj koning werd. Tijdens zijn regering, regeerde David over zijn koninkrijk met gerechtigheid en versterkte zijn koninkrijk. Terwijl God met de koning David wandelde, was David zegevierend in zijn oorlogen met de buurlanden, zoals de Filistijnen, de Moabieten, de Amalekieten, en de Edomieten. Hij vergrootte de gebieden van Israël en de roof van de oorlog en bijdrage deden alleen de schatten van Davids koninkrijk toenemen. Overeenkomstig genoot hij tijdens die periode van voorspoed.

David verhuisde ook de Ark van het verbond terug naar Jeruzalem, stelde opnieuw de procedures in, de offerandes, en versterkte het geloof in de Here God. De koning richtte ook Jeruzalem op als het politieke en geestelijke centrum van het koninkrijk en maakte alle voorbereidingen voor de Heilige Tempel van God, om te worden gebouwd tijdens de regering van zijn zoon, Koning Salomo.

Door de gehele geschiedenis van Israël, was de meest krachtige en prachtige regering, tijdens de regeer periode van koning David, en koning David werd bewonderd door zijn volk en gaf veel glorie aan God. En bovenal, hoe groot was David als voorvader, dat de Messias voortkwam uit zijn nakomelingen?

Elia brengt het hart van de Israelieten terug tot God

De zoon van Koning David, Salomo, aanbad agfoden in zijn laatste dagen en zijn koninkrijk werd in tweeën gesplitst na zijn dood. Onder de twaalf stammen van Israël, vormden tien van hen het koninkrijk Israël, in het noorden, terwijl de andere stammen overbleven en het koninkrijk Juda vormden in het Zuiden.

In het koninkrijk Israël, openbaarden profeten zoals Amos en Hosea Gods wil aan Zijn volk, terwijl profeten zoals Jesaja en Jeremia hun bediening uitdroegen in het Koninkrijk van Juda. Iedere keer wanneer Zijn aangewezen tijd aanbrak, zond God Zijn profeten en vervulde Zijn wil door hen. Een van hen was de profeet Elia. Elia droeg zijn bediening uit tijdens de regering van koning Achab in het Noordelijke koninkrijk.

Tijdens Elia's tijd, bracht de heidense koningin Izebel Israël tot Baäl en de aanbidding van afgoden, het werd een bolwerk in het koninkrijk. De eerste opdracht die de profeet Elia kreeg om te doen, was koning Achab vertellen dat er geen regen meer zou vallen in Israël gedurende drie en een half jaar, als gevolg van

Gods oordeel voor hun afgodenaanbidding.

Toen de profeet vertelt werd dat de koning en de koningin hem wilden vermoorden, vluchtte Elia naar Sarefat, welke tot Sidon behoorde. Hij werd voorzien van een stukje brood van een weduwe daar, en in ruil voor haar dienst, gaf Elia een geweldige zegen aan de weduwe en haar kop met meel raakte niet op noch haar flesje olie, totdat de hongersnood voorbij was. Later, wekte Elia ook de doodde zoon van de weduwe op.

Op de top van de berg Karmel, streed Elia tegen 450 profeten van Baäl en 400 profeten van Asjera en bracht Gods vuur uit het de hemel. Om het hart van de Israelieten terug te laten keren tot God, bereidde Elia een altaar voor God, goot water over het offer en het altaar, en bad ernstig tot God.

Here God van Abraham, Isaak en Israël, heden moge bekend worden, dat Gij God zijt in Israël, en dat ik Uw knecht ben, en op Uw bevel al deze dingen doe. Antwoord mij, Here, antwoord mij, opdat dit volk wete, dat Gij, Here God zijt, en dat Gij hun hart weer terugneigt. Toen schoot het vuur des Heren neer en verteerde het brandoffer, het hout, de stenen en de aarde, en lekte het water in de groeve op . Toen het gehele volk dat zag, wierpen zij zich op hun aangezicht en zeiden:De Here, die is God! De Here die is God! Daarop zeide Elia tot hen:Grijpt de profeten van Baäl, laat niemand van hen ontkomen. Zij grepen hen, en Elia voerde hen naar de beek Kison, en liet hen daar slachten. (1 Koningen

Bovendien, liet hij regen komen uit de hemel, na drie en half jaar droogte, doorkruiste de Rivier de Jordaan, alsof hij over het droge land liep, en profeteerde de dingen die plaats zouden vinden. Door Gods wonderlijke kracht te laten zien, getuigde Elia duidelijk over de levende God.

2 Koningen 2:11 zegt, *"En terwijl zij [Elia en Elisa] voortgingen, al wandelende en sprekende, zie, een vurige wagen en vurige paarden! en die maakten scheiding tussen hen beiden. Alzo voer Elia in een storm ten hemel."* Omdat Elia God had behaagd door zijn geloof, tot het uiterste, en hij Zijn liefde en erkenning ontving, steeg de profeet op naar de hemel, zonder de dood te smaken.

Daniël openbaart Gods glorie aan de Naties

Tweehonderd en vijftig jaar later, ongeveer 605 V.C. in het derde jaar der regering van Koning Jojakim, werd Jeruzalem belegerd door Koning Nebukadnessar van Babylon, en velen van de koninklijke familie in het koninkrijk van Juda werden gevangen genomen.

Als een deel van Nebukadnessar's politieke verzoening, beval de koning Aspenaz, het hoofd zijner hovelingen, enige Israelieten te laten komen, uit het koninklijke geslacht en uit de edelen, knapen zonder enig gebrek, schoon van uiterlijk, ervaren in allerlei wijsheid, in het bezit van kennis, met inzicht in wetenschap, geschikt om dienste te doen in het paleis des konings, en hen te onderwijzen in de geschriften en de taal der Chaldeeën. En onder deze knapen was Daniël (Daniël 1:3-4).

Daniël nam zich echter voor, zich niet te verontreinigen met de koninklijke spijze of met de wijn die de koning placht te drinken, en hij verzocht de overste der hovelingen, dat hij zich niet zou behoeven te verontreinigen (Daniël 1:8).

Ondanks dat hij een gevangene was door de oorlog, ontving Daniël Gods zegeningen, toen hij Hem vreesde in elk gebied van zijn leven. God gaf Daniël en zijn vrienden kennis en verstand op elk gebied van literatuur en wijsheid. Daniël verstond zelfs allerlei soorten visioenen en dromen (Daniël 1:17).

Dat was de reden waarom hij gunst en erkenning verwierf van de koning en zelfs toen de koninkrijken veranderden. Toen hij de uitzonderlijke geest erkende van Daniël, stelde Koning Darius van Perzië Daniël aan over zijn gehele koninkrijk. Toen werden enkele ministers jaloers op Daniël en zochten een grond van beschuldiging tegen Daniël met betrekking tot politieke zaken. Maar zij konden geen enkele grond van beschuldiging vinden of bewijs van corruptie.

Toen ze ontdekten dat Daniel drie keer per dag tot God bad, kwamen de gevolmachtigden en satraps samen voor de koning en spoorden hem aan om een wet te maken dat iedereen die een andere god of man aanbad behalve de koning gedurende een maand, in de leeuwenkuil geworpen zou worden. Daniël wankelde niet, zelfs niet als het zou beteken dat hij zijn reputatie, hoge positie, en zijn leven zou verliezen in de leeuwenkuil, hij

Israël: Gods uitverkorenen

bleef bidden, gericht naar Jeruzalem, zoals hij voorheen ook had gedaan.

Op bevel van de koning, werd Daniël in de leeuwenkuil geworpen, maar omdat God Zijn engel zond om de leeuwenmuilen te sluiten, bleef Daniël zonder letsel. Toen Koning Darius dit leerde, schreef hij aan alle mensen, volken en mensen in alle talen die leefden in de landen, en liet hen lofprijzing en glorie geven aan God:

> *Door mij wordt bevel gegeven, dat men in het gehele machtsgebied van mijn koninkrijk voor de God van Daniël zal vrezen en beven; want Hij is de levende God, die blijft in alle eeuwigheid; Zijn koningschap is onverderfelijk en zijn heerschappij duurt tot het einde.; Hij bevrijdt en redt, en doet tekenen en wonderen in de hemel en op aarde, Hij, die Daniël uit de macht der leeuwen heeft bevrijd. (Daniël 6:26-27)*

Bovendien, zou geen enkel blad papier of inkt voldoende zijn om de daden van geloof te beschrijven, van de voorvaders van geloof die geroemd werden in God, hierboven, zoals Gideon, Barak, Simson, Jefta, Samuël, Jesaja, Jeremia, Ezechiël, Daniël's drie vrienden, Ester, en al de profeten die in de Bijbel worden vermeld.

Grote voorvaders van alle naties van de aarde

Vanaf de eerste dagen van de natie Israël, verleende God persoonlijk het recht en bestuurde de weg van zijn geschiedenis. Elke keer wanneer Israël zich in een crisis bevond, bevrijdde God hen door de profeten die Hij had voorbereid, en gaf richting aan de geschiedenis van Israël.

Daarom, in tegenstelling tot dat van vele andere naties, is de geschiedenis van Israël ontvouwd zoals God het had voorzien, vanaf de dagen van Abraham, en zal het zo blijven overeenkomstig het plan van God, tot het einde der tijden.

Voor God om de vaders van geloof aan te stellen en te gebruiken, onder het volk van Israël voor Zijn voorziening en plan, waren niet alleen Zijn uitverkoren, de Israelieten, maar ook voor alle mensen die geloof hebben in God.

Abraham immers zal voorzeker tot een groot en machtig volk worden en met hem zullen alle volken der aarde gezegend worden. (Genesis 18:18)

God verlangt dat "alle naties van de aarde" kinderen van Abraham worden door geloof en Abrahams zegeningen ontvangen. Hij heeft niet alleen de zegeningen voorbestemd voor Zijn uitverkorenen, de Israelieten. God beloofde Abraham in Genesis 17:4-5 dat hij de vader van talloze naties zou worden, en in Genesis 12:3 dat alle geslachten van de aarde gezegend zouden worden in hem en in Genesis 22:17-18, dat alle naties van de aarde gezegend zouden worden in zijn zaad.

Bovendien, door de geschiedenis van Israël, heeft God de weg geopend voor alle volken van de aarde, dat ze de Here God zouden kennen als de echte God, Hem dienen en Zijn echte kinderen zouden worden die Hem liefhebben.

Te raadplegen was Ik voor hen die naar Mij niet vroegen, te vinden voor hen die Mij niet zochten; Ik zeide tot een volk dat mijn naam niet aanriep:Hier ben Ik, hier ben Ik. (Jesaja 65:1)

God heeft grote voorvaders bevestigd, en heeft persoonlijk de geschiedenis van Israël geleid en bestuurd om zo toe te staan dat zowel de Heidenen als Zijn uitverkorenen, de Israelieten Zijn naam konden aanroepen. God heeft de geschiedenis van de menselijke ontwikkeling gebracht tot op dat punt, maar nu ontwikkelt Hij een ander geweldig plan, en zal Hij voorzien dat ook de heidenen het kunnen grijpen. Dat is de reden waarom op Gods aangewezen tijd, Hij Zijn Zoon zond naar het land Israël, niet alleen als de Messias van Israël, maar ook als de Messias van de gehele mensheid.

Mensen die getuigen over Jezus Christus

Door de geschiedenis van de ontwikkeling van de mensheid, was Israël altijd het middelpunt van de vervulling van Gods voorziening. God openbaarde Zichzelf aan de vaders van geloof, beloofde hen de dingen die plaats zouden vinden, en vervulde deze zoals Hij belooft had. Hij vertelde de Israelieten ook dat de Messias zou komen uit de stam van Juda en het huis van David en alle naties van de aarde gered zouden worden.

Daarom wacht Israël op de Messias zoals geprofeteerd werd in het Oude Testament. De Messias is Jezus Christus. Natuurlijk, de mensen die geloven in het Judaisme, erkennen Jezus niet als de Zoon van God en de Messias, maar in plaats daarvan wachten zij nog steeds op Zijn komst.

De Messias waarop Israël wacht en de Messias waarover de rest van dit hoofdstuk gaat, is dezelfde.

Wat zeggen mensen over Jezus Christus? Wanneer u de profetieën bestudeerd over de Messias en hun vervulling, en de vereisten waar de Messias aan moet voldoen, zult u enkel kunnen bevestigen dat de Messias waar Israël op wacht niemand anders is dan Jezus Christus.

Paulus, vervolger van Jezus Christus veranderd tot Zijn apostel

Paulus werd geboren in Tarsus, Sicilië, in het hedendaagse Turkije, ongeveer 2000 jaar geleden en zijn geboorte naam was Saulus. Saulus werd besneden, de achtste dag na zijn geboorte, in de natie Israel, van de stam van Benjamin, en was een Hebreeër van Hebreeërs. Saulus was onberispelijk overeenkomstig de gerechtigheid, welke de wet is. Hij werd ook onderwezen door Gamaliël, een leraar van de wet, die zeer gerespecteerd werd onder de mensen. Hij leefde nauwkeurig overeenkomstig de wet van zijn vaders en was burger van het Romeinse rijk, welke het meest krachtige land was in de wereld toendertijd. In één woord gesproken, Saulus had geen enkel gebrek in vleselijke termen wat betreft zijn familie, geslacht, wijsheid, rijkdom, of autoriteit.

Omdat hij God boven alles lief had, vervolgde Saulus ijverig alle volgelingen van Jezus Christis, dat kwam omdat hij de christenen hoorde zeggen dat de gekruisigde Jezus, de Zoon van God was en dat Jezus op de derde dag na Zijn dood was opgestaan, en Saulus beschouwde dat als lastering tegen God Zelf.

Saulus dacht ook dat de volgelingen van Jezus Christus een bedreiging vormden voor de Farizeeërs van het Judaisme, welke hij vol passie volgde. Om die reden, vervolgde en vernietigde Saulus mededogenloos de kerk en nam de leiding in het gevangen nemen van de gelovigen in Jezus Christus.

Hij nam vele christenen gevangen en wierp het lot over hem wanneer zij gedood werden. Hij strafte ook de gelovigen in alle synagogen, en probeerde hen te dwingen tot het lasteren van Jezus Christus, en bleef hen achtervolgen zelfs tot vreemde steden.

Toen onderging Saulus een merkwaardige ervaring, welke zijn leven ondersteboven keerde. Op zijn weg naar Damascus, kwam er plotseling een stralend licht op hem vanuit de hemel.

"Saulus, Saulus, waarom vervolgt gij Mij?"
"Wie bent U, Here?"
"Ik ben Jezus die gij vervolgt."

Saulus stond op van de grond, maar kon niets meer zien; de mensen brachten hem in Damascus. Hij verbleef daar gedurende drie dagen zonder te zien. Hij at noch dronk. Na deze gebeurtenis, verscheen de Here in een visioen aan een discipel genaamd Ananias.

Sta op en ga naar de straat, die de Rechte heet, en vraag ten huize van Judas naar iemand uit Tarsus, genaamd, Saulus, want zie, hij is in gebed en hij heeft [in een gezicht] een man, genaamd Ananias, zien binnenkomen en hem de handen opleggen, opdat hij weer zien kon.... Ga, want deze is Mij een uitverkoren werktuig om mijn naam te brengen voor heidenen en koningen en [de] kinderen van Israël, want Ik zal hem tonen, hoeveel hij lijden moet ter wille van Mijn naam. (Handelingen 9:11-12,15-16)

Toen Ananias zijn handen legde op Saulus en voor hem bad, vielen hem terstond als schubben van zijn ogen en kon hij opnieuw zien. Nadat hij de Here ontmoette, besefte Saulus door en door zijn zonden, en hernoemde zichzelf "Paulus," wat betekent "een kleine man." Vanaf dat punt, verkondigde Paulus vrijmoedig de levende God en het Evangelie van Jezus Christus aan de heidenen.

Want ik maak u bekend, broeders, dat het evangelie, hetwelk door mij verkondigd is, niet naar de mens is. Want ik heb het ook niet van een mens ontvangen of geleerd, maar door de openbaring van Jezus Christus. Want gij hebt gehoord van mijn vroegere wandel in het Jodendom: ik heb de gemeente Gods bovenmate vervolgd en getracht haar uit te roeien, en in het Jodendom heb ik het verder gebracht dan vele van (mijn) tijdgenoten onder het volk, als hartstochtelijk ijveraar voor mijn voorvaderlijke overleveringen. Maar toen het Hem, die mij van de schoot mijner moeder aan afgezonderd en door zijn genade geroepen heeft, behaagd had, Zijn Zoon in mij te openbaren, opdat ik Hem onder de heidenen verkondigen zou, ben ik geen ogenblik ten rade gegaan met vlees en bloed; ook ben ik niet naar Jeruzalem gereisd tot hen die reeds voor mij apostelen waren, maar ik ben naar Arabië vertrokken en vandaar naar Damascus teruggekeerd. (Galaten 1:11-17)

Zelfs na de ontmoeting met de Here Jezus Christus en het verkondigen van het evangelie, verdroeg Paulus allerlei soorten lijden die met geen woorden beschreven kunnen worden. Paulus vond zichzelf vaak terug in meer dan arbeiden, meer dan gevangenschappen, talloze keren geslagen, vaak in gevaar voor dood, vele slapeloze nachten, in honger en dorst, vaak zonder voedsel, in koude en ellende (2 Korintiers 11:23-27).

Hij had gemakkelijk een voorspoedig en aangenaam leven kunnen leiden met zijn status, autoriteit, kennis, en wijsheid, maar Paulus gaf dit alles op en gaf alles wat hij had over aan de Here.

Want ik ben de geringste der apostelen, niet waard een apostel te heten, omdat ik de gemeente Gods vervolgd heb. Maar door de genade van God ben ik, wat ik ben, en zijn genade aan mij is niet vergeefs geweest, want ik heb meer gearbeid dan zij allen, doch niet ik, maar de genade Gods, die met mij is. (1 Korintiers 15:9-10)

Paulus kon deze vrijmoedige belijdenis maken, omdat hij een echte levende ervaring had om Jezus Christus te ontmoeten. De Here ontmoette Paulus niet alleen op zijn weg naar Damascus, maar bevestigde ook Zijn tegenwoordigheid met Paulus door zijn wonderlijke werken van kracht te tonen.

God verrichtte uitzonderlijke wonderen door de handen van Paulus, zodat zelfs de zweetdoeken of gordels van zijn lichaam, gedragen werden naar de zieken, en de ziekten verdwenen en boze geesten gingen uit. Paulus bracht ook een jonge man, genaamd Eutychus weer tot leven, toen deze vanaf de derde verdieping naar beneden viel en dood was. Een dood persoon terug tot leven brengen is onmogelijk zonder de kracht van God.

Het Oude Testament vermeld dat de profeet Elia de dode zoon van een weduwe in Sarafat terug tot leven bracht en de profeet Elisa die een jongen van een vrouw uit Sunam terug tot leven bracht. Zoals de Psalmist schreef in Psalm 62:12, *"God heeft eenmaal gesproken, ik heb dit tweemaal gehoord, de sterkte is Godes."* de kracht van God is gegeven aan de mensen van God.

Gedurende zijn drie zendingsreizen, bouwde Paulus het fundament van het evangelie van Jezus Christus om aan alle naties te verkondigen door in vele plaatsen in Azië en Europa, inclusief Klein Azië en Griekenland, gemeenten te bouwen. Dus, de weg was geopend waardoor het evangelie van Jezus Christus verkondigd zou worden tot elke uithoek van de aarde en een groot aantal zielen zou gered worden.

Petrus toonde grote kracht en redde talloze zielen

Wat kunnen we zeggen van Petrus die de spits afbeet in de poging tot het verkondigen van het evangelie aan de Joden? Hij was een gewone visser voordat hij Jezus ontmoette, maar nadat hij geroepen werd door Jezus en uit eerste hand getuige was van de wonderlijke dingen die Jezus deed, werd Petrus een van Zijn beste discipelen.

Toen Petrus getuige was van het soort en grote van kracht die Jezus liet zien, zoals geen mens dat kon nadoen, inclusief het openen van blinde ogen, het opstaan van kreupelen, het opwekken van doden, het zien van Jezus goede daden, en het zien van hoe Jezus de zonden en tekortkomingen van mensen bedekte, kon Petrus geloven, "Hij komt inderdaad van God." In Matteüs 16 vinden wij zijn belijdenis.

Jezus vroeg Zijn discipelen, *"Wie zegt gij dat Ik ben?"* (v. 15) En Petrus antwoordde, *"Gij zijt de Christus, de Zoon van de levende God"* (v. 16).

Toen gebeurde er iets onvoorstelbaar met Petrus, die zo'n vrijmoedige belijdenis had gedaan, hierboven. Petrus beleed zelfs aan Jezus tijdens het laatste avondmaal, *"Al zouden allen aanstoot aan U nemen, ik nooit!"* (Matteüs 26:33). Maar de nacht van Jezus gevangenneming en kruisiging, verloochende Petrus drie keer dat hij Jezus kende, uit angst om te sterven.

Na Jezus opstanding en opvaring naar de hemel, ontving Petrus de Heilige Geest en werd veranderd op een wonderlijke wijze. Hij wijdde zijn gehele leven toe aan het verkondigen van het evangelie van Jezus Christus, zonder te vrezen voor de dood. Op een dag werden 3000 mensen bekeerd en gedoopt toen hij vrijmoedig getuigde van Jezus Christus. Zelfs voor de joodse leiders die hem bedreigden met de dood, verkondigde hij vrijmoedig dat Jezus Christus onze Heer en Redder is.

Bekeert u en laat u dopen op de naam van Jezus Christus, tot vergeving van uw zonden, en gij zult de gave des Heiligen Geestes ontvangen. Want voor u is

de belofte en voor uw kinderen en voor allen, die verre
zijn, zovelen als de Here, onze God, ertoe roepen zal.
(Handelingen 2:38-39)

Dit is de steen, door u, de bouwlieden, versmaad,
die nochtans tot de hoeksteen is geworden. En de
behoudenis is in niemand anders, want er is ook onder
de hemel geen andere naam gegeven, waardoor wij
moeten behouden worden. (Handelingen 4:11-12)

Petrus toonde de kracht van God door vele wonderen
en tekenen te laten zien. In Lydia genas Petrus een man de
gedurende achttien jaren verlamd was, en vlakbij Joppa wekte
hij Tabita op die ziek geworden was en stierf. Petrus liet ook de
kreupele opstaan en wandelen, genas mensen die leden onder
allerlei ziekten, en dreef demonen uit.

Gods kracht vergezelde Petrus in zo'n mate dat de mensen
zelfs ziek de straat op werden gedragen en werden neergelegd op
matrassen, omdat zij verwachtten dat wanneer Petrus voorbij zou
komen en zijn schaduw op hen zou vallen, zij zouden genezen
(Handelingen 5:15).

Bovendien, openbaarde God aan Petrus door visioenen dat
het evangelie van redding ook gebracht moest worden aan de
heidenen. Op een dag, toen Petrus naar het dak van het huis
ging om te bidden, werd hij hongerig en verlangde ernaar om
iets te eten. Terwijl het voedsel werd voorbereid, raakte Petrus

in vervoering en zag dat de hemel zich opende, en een voorwerp als een groot doek kwam naar beneden. En hierin bevonden zich allerlei soorten viervoetige en kruipende dieren van de aarde en vogels des hemels (Handelingen 10:9-12). Toen hoorde Petrus een stem.

Een stem kwam tot Petrus, *"Sta op Petrus, slacht en eet!"* (v. 13) Maar Petrus zei, *"Geenszins, Here, want ik heb nog nooit iets gegeten, dat onheilig of onrein was."* (v. 14). Opnieuw kwam de stem voor de tweedemaal tot hem, *"Wat God rein verklaard heeft, moogt gij niet voor onheilig houden"* (v. 15).

Dit gebeurde drie keer, en alles werd terug opgetrokken in de hemel. Petrus kon niet begrijpen waarom God hem beval om iets wat bezoedeld was te eten, "onrein" door Mozes' wet. Terwijl Petrus nadacht over het visioen, zei de Heilige Geest tot hem, *"Zie, twee mannen zoeken naar u:sta dan op, ga naar beneden en reis, zonder bezwaar te maken met hen mede, want Ik heb hen gezonden."* (Handelingen 10:19-20). De twee mannen kwamen in naam van de heidene Cornelius, die hen gezonden had tot Petrus om hem uit te nodigen tot zijn huis te komen.

Door dit visioen, openbaarde God aan Petrus dat God zijn genade wilde verkondigen, zelfs aan de heidenen, en spoorde Petrus aan om het evangelie van de Here Jezus Christus ook aan hen te verkondigen. Petrus was dankbaar aan de Here, die hem liefhad tot het einde, en hem een geheiligde taak als apostel had toevertrouwd, ondanks dat hij Hem drie keer had verloochend, dat hij zijn eigen leven niet trachtte te redden om zo talloze mensen te leiden naar de weg van redding, en een martelaren

Israël: Gods uitverkorenen

dood stierf.

Johannes de Apostel die profeteerde over de laatste dagen door de openbaring van Jezus Christus

Johannes was ook een visser in Galilea, maar nadat hij door Jezus geroepen werd, wandelde Johannes altijd met Hem en getuigde van Zijn wonderlijke wonderen en tekenen. Johannes zag hoe Jezus water in wijn veranderde tijdens de bruiloft van Kana, hoe talloze mensen genezen werden, inclusief een persoon die gedurende achtendertig jaar ziek was, hoe velen bevrijd werden van demonen, en de ogen der blinden geopend werden. Johannes was ook getuige van Jezus die over het water liep en die Lazarus terug tot leven bracht, die gedurende vier dagen dood was.

Johannes volgde Jezus toen hij verheerlijkt werd (Zijn aangezicht straalde als de zon, en Zijn kleed was zo wit als licht) en Hij sprak met Mozes en Elia op de berg der verheerlijking. Zelfs toen Jezus Zijn laatste adem gaf aan het kruis, hoorde Johannes Jezus spreken tot de maagd Maria en zichzelf:

"Vrouw, zie hier uw zoon!"
"Zie, hier uw moeder!"

Met deze vier laatste woorden, welke Jezus aan het kruis sprak, vertroostte Hij in fysieke termenrMaria, die Hem gedragen en gebaard had, maar ook in de geestelijke zin, verkondigde Hij aan de gehele mensheid dat alle gelovigen broeders, zusters en moeders waren.

Jezus verwees nooit naar Maria als Zijn "moeder". Als Jezus de Zoon van God is, God zelf in wezen, niemand kon Hem baren, en Hij kon geen moeder hebben. De reden waarom Jezus tot Johannes zei, "Zie, uw moeder!" was omdat Johannes Maria moest dienen als zijn moeder. Vanaf dat uur, nam Johannes Maria in zijn huis op en diende haar als zijn moeder.

Na Jezus opstanding en opvaring, preekte hij vurig het evangelie van Jezus Christus samen met de andere apostelen, ondanks de voortdurende bedreigingen van de joden. Door hun vurig prediking van het evangelie, ervoer de eerste gemeente een spectaculaire opwekking, maar tegelijkertijd waren de apostelen constant een voorwerp van vervolging.

Johannes, de apostel werd ondervraagd in de Raad van de Joden, en werd later in kokende olie geworpen, door de Romeinse Keizerrijk. Maar Johannes leed geen schade, door de kracht van God en Zijn voorziening, en het Keizerrijk verbande hem naar een Grieks eiland Patmos in de Middellandse Zee. Daar communiceerde Johannes met God in gebed en door de inspiratie van de Heilige Geest en de leiding van engelen, zag hij vele diepe visioenen en schreef de openbaringen van Jezus Christus op.

Openbaring van Jezus Christus, welke God hem gegeven heeft om zijn dienstknechten te tonen, hetgeen weldra moet geschieden en welke Hij door de zending van zijn engel aan zijn dienstknecht Johannes heeft te kennen gegeven. (Openbaring 1:1)

Door de inspiratie van de Heilige Geest, schreef de Apostel Johannes tot in detail alle dingen op die zouden gebeuren in de laatste dagen, zodat alle mensen Jezus zouden aannemen als hun Redder en zichzelf zouden voorbereiden om Hem te ontvangen als de Koning der koningen en de Here der heerscharen voor Zijn tweede komst.

De leden van de eerste gemeente hielden vast aan hun geloof

Toen de opgestane Jezus opvoer naar de hemel, beloofde Hij Zijn discipelen dat Hij op dezelfde wijze terug zou keren, als dat ze Hem zagen opstijgen naar de hemel.

De talloze getuigen van Jezus opstanding en opvaring in de hemel beseften dat zij ook in staat zouden zijn om opgewekt te worden en niet langer hoefden te vrezen voor de dood. Dat was de manier waarop ze konden leven als Zijn getuigen, zelfs tegenover de bedreigingen en verdrukkingen van de heersers van de wereld en de vervolging welke vaak hun leven kostte. Niet alleen de discipelen van Jezus die Hem dienden tijdens Zijn openbare bediening maar ook de talloze andere mensen die een prooi werden voor de leeuwen in het Koloseum in Rome, onthoofd, gekruisigd, en tot as verbrand werden. Allen hielden zich echter vast aan hun geloof in Jezus Christus.

Toen de vervolging tegen de christenen toenam, verborgen

de leden van de eerste gemeente zich in de catacomben, bekend als de "ondergrondse begraafplaatsen." Hun leven was ellendig; het was alsof zij niet echt leefden. Omdat zij gepassioneerde en ernstige liefde hadden voor de Here, vreesden ze niet voor enige beproeving of foltering.

Voordat het christendom officieel erkent werd door Rome, was de verdrukking tegen de christenen hardvochtig en wreed, het gaat elke beschrijving te boven. Christenen werden onttrokken aan hun burgerschap, de Bijbels en kerken werden verbrand, en kerkleiders en werkers werden gevangengenomen, vreselijke gemarteld en geëxecuteerd.

Polycarp in de Smyrna gemeente in Klein Azië, had een persoonlijke relatie met Johannes de apostel. Polycarp, was een toegewijdde Bishop. Toen Polycarp gearresteerd werd door de Romeinse autoriteiten en voor de Gouverneur stond, verliet hij zijn geloof niet.

"Ik wil u niet in ongenade doen vallen. Laat die christenen gedood worden en ik zal u vrijlaten. Vervloek Christus!"

"Gedurende achtenzestig jaar ben ik Zijn dienaar geweest, en Hij heeft mij niets aangedaan. Hoe kan ik dan mijn Koning lasteren, die mij gered heeft?"

Zij deden een poging om hem tot dood te verbranden, maar het lukte niet, Polycarp, de bishop van Smyrna stierf als martelaar na een dolksteek. Terwijl vele andere christenen getuigden, en hoorden dat Polycarps de wedloop des geloofs liep tijdens zijn martelarenschap, gingen ze nog meer de passie van Jezus Christus omarmen, en kozen ook zelf voor het martelarenschap.

Mannen van Israël, overweegt wel, wat gij met deze mensen zult doen! Want voor deze dagen stond Teudas op, die beweerde, dat hij iets was, en een aantal van ongeveer vierhonderd man sloot zich bij hem aan:maar hij werd gedood en zijn gehele aanhang viel uiteen en verliep. Na hem stond Judas de Galileer op, in de dagen der inschrijving, en kreeg vele afvalligen op zijn hand, maar ook deze is omgekomen en zijn gehele aanhang is uiteengeslagen. En nu zeg ik u:Laat u niet in met deze mensen en laat hen geworden; want indien dit streven of dit werk uit mensen is, zal het vernietigd worden, maar indien het uit God is, zult gij hen niet kunnen vernietigen; het mocht eens blijken, dat gij tegen God strijdt. (Handelingen 5:35-39)

Toen de beroemde Gamaliël de mensen van Israël vermaande en herinnerde zoals hierboven beschreven staat, kon het evangelie van Jezus Christus, die van God Zelf kwam, niet gestopt worden. Uiteindelijk in 313 NC, erkent keizer Constatijn het christendom als een officiele religie van zijn keizerrijk en werd het evangelie verkondigd over de gehele wereld.

Het getuigenis van Jezus ogenomen in Pilatus rapport

Tussen de geschiedkundige documenten vanuit de tijd van het Romeinse Keizerrijk, werd een handschrift over Jezus opstanding gevonden welke Pontius Pilatus de Gouverneur van de Romeinse Provincie van Judea, tijdens Jezus tijd schreef en dit naar de keizer toezond.

Het volgende is een uittreksel van de gebeurtenis van de opstanding van Jezus van "Pilatus's rapport aan Cesar over de arrestatie, de terechtstelling, en de kruisiging van Jezus," welke op dit moment bewaart wordt in Hagia Sophia in Istanboel, Turkije.

Enkele dagen nadat het graf leeg terug werd gevonden, verkondigden Zijn discipelen overal in het land dat Jezus uit de dood was opgestaan, zoals Hij had gezegd. Dit schiep nog meer opwinding dan de kruisiging zelf. Of dit de waarheid is, kan ik tot op heden niet met zekerheid zeggen, maar ik heb wel onderzoek gedaan over deze zaak, en zie dat ik het fout heb zoals Herodus het voorstelt.

Jozef heeft Jezus in zijn eigen graf begraven of hij Zijn opstanding overwogen heeft of dit bewust gedaan heeft, kan ik u niet vertellen. De dag nadat Hij begraven werd, kwam een van de priesters naar het praetorium en zei dat het hun ter ore gekomen was dat Zijn discipelen

Israël: Gods uitverkorenen

de intentie hadden om Zijn lichaam te stelen, en het te verbergen, en het zo wilden laten lijken alsof Hij opgestaan was uit de dood, zoals Hij had voorzegd, en waar zij ook ten volle van overtuigd waren.

Ik heb het hoofd van de koninklijke wacht (Malcus) gezonden om hem te zeggen dat ze de Joodse soldaten konden nemen, en zoveel ze wilden konden plaatsen om het graf als nodig was, wanneer er dan iets zou gebeuren konden ze zichzelf de schuld geven en niet de Romeinen.

Toen de grote opschudding plaatsvond over het lege graf, voelde ik een diepere zorg dan ooit tevoren. Ik liet de man Islam komen, die voor zover ik terug kan gaan het dichtste bij al deze gebeurtenissen stond. Ze zagen een zacht mooi licht over het graf. Hij dacht eerst dat de vrouwen gekomen waren om Zijn lichaam te balsemen, zoals het hun gebruik was, maar hij kon niet zien hoe zij voorbij de bewakers gekomen waren. Terwijl deze gedachten door hem gingen, zie de gehele plaats was verlicht en het leek alsof er menigten doden waren in hun grafkleden.

Allen leken te schreeuwen en waren vervuld van extase, terwijl er overal om hem heen en boven hem de mooiste muziek klonk die hij ooit gehoord heeft en de gehele lucht leek gevuld met stemmen die God prezen.

Gedurende deze tijd leek er een aardbeving te zijn en het voelde alsof hij niet langer op zijn voeten kon blijven staan. Hij zei dat het leek alsof de aarde onder hem wankelde, en hij verloor het bewust zijn, dus hij wist niet wat er precies gebeurde.

Zoals we kunnen lezen in Matteus 27:51-53, *"De aarde beefde en de rotsen scheurden, en de graven gingen open en vele lichamen der ontslapen heiligen werden opgewekt. En zij gingen uit de graven na zijn opstanding en kwamen in de heilige stad, waar zij aan velen verschenen"* de Romeinse soldaten gaven getuigenis van wat er gebeurde.

Na het optekenen van de getuigenissen van de Romeinse soldaten die getuigen waren van dit geestelijke fenomeen, schreef Pilatus op het einde van zijn rapport, "Ik ben bijna klaar om te zeggen 'Dit was waarlijk de Zoon van God.'"

Talloze getuigen van de Here Jezus Christus

Niet alleen Jezus discipelen die Hem gediend hadden tijdens Zijn openbare bediening waren getuigen van het evangelie van Jezus Christus. Net zoals Jezus zei in Johannes 14:13 *"En wat gij ook vraagt in Mijn naam, Ik zal het doen, opdat de Vader in de Zoon verheerlijkt worde."* hebben talloze getuigen antwoorden ontvangen op hun gebeden en getuigd van de levende God en de Here Jezus Christus sinds Zijn opstanding en opvaring ten hemel.

Maar gij zult kracht ontvangen wanneer de Heilige

Geest over u komt, en gij zult Mijn getuigen zijn te
Jeruzalem, en in geheel Judea en Samaria en tot het
uiterste der aarde. (Handelingen 1:8)

Ik heb de Here Jezus aangenomen nadat ik genezen werd door Gods kracht van al mijn ziekten waarbij de medische wetenschap niets meer kon doen voor mij. Later, werd ik gezalfd als een dienaar van de Here Jezus Christus en heb het evangelie verkondigd aan alle mensen en wonderen en tekenen laten zien.

Zoals hierboven beloofd werd, zijn vele mensen Gods kinderen geworden door de Heilige Geest te ontvangen en hebben hun leven toegewijd om het evangelie van Jezus Christus te verkondigen door de kracht van de Heilige Geest. Dat is hoe het evangelie zich heeft verspreid over de gehele wereld en hoe talloze mensen vandaag de levende God ontmoeten en Jezus Christus aannemen.

Gaat heen in de gehele wereld, verkondigd het
evangelie aan de ganse schepping. Wie gelooft en zich
laat dopen, zal behouden worden, maar wie niet gelooft,
zal veroordeeld worden. Als tekenen zullen deze dingen
de gelovigen volgen: in mijn naam zullen zij boze geesten
uitdrijven, in nieuwe tongen zullen zij spreken, slangen
zullen zij opnemen en zelfs indien zij iets dodelijks
drinken zal het hun geen schade doen; op zieken zullen
zij de handen leggen en zij zullen genezen worden.
(Marcus 16:15-18)

De gemeente van het heilige Graf op Golgotha, de berg golgotha, in Jeruzalem.

Hoofdstuk 2

DE MESSIAS GEZONDEN DOOR GOD

God Belooft de Messias

Israël heeft vaak zijn onafhankelijkheid verloren en had te lijden van invasies en de overheersing van zowel de Perzen als de Romeinen. Door Zijn profeten gaf God een grootdeel van Zijn beloften betreffende de Messias die zou komen als Koning van Israël. Er kon geen grotere bron van hoop zijn voor de belofte van God voor de komst van de Messias.

Groot zal de heerschappij zijn en eindeloos de vrede op de troon van David en over zijn koninkrijk, doordat hij het sticht en grondvest met recht en gerechtigheid, van nu aan tot in eeuwigheid. De ijver van de HERE der heerscharen zal dit doen. De Here heeft een woord gezonden in Jakob en het is gevallen in Israël. (Jesaja 9:6-7)

Zie, de dagen komen, luidt het woord des HEREN, dat Ik aan David een rechtvaardige Spruit zal verwekken; die zal als koning regeren en verstandig handelen, die zal recht en gerechtigheid doen in het land. In zijn dagen zal Juda behouden worden en Israël veilig wonen; en dit is zijn naam, waarmede men hem zal noemen:de HERE onze gerechtigheid. (Jeremiah 23:5-6)

Jubel luide, gij dochter van Sion; juich, gij dochter van Jeruzalem! Zie, uw koning komt tot u, hij is rechtvaardig en zegevierend, nederig, en rijdende op een ezel, op een ezelshengst, een ezelinnejong. Dan zal Ik de wagens uit Efraïm en de paarden uit Jeruzalem tenietdoen, ook de strijdboog wordt tenietgedaan; en hij zal de volken vrede verkondigen, en zijn heerschappij zal zich uitstrekken van zee tot zee, en van de Rivier tot de einden der aarde. (Zacharia 9:9-10)

Israël heeft op deze dag zonder ophouden gewacht op de Messias. Wat heeft de komst van de Messias vertraagd, waar zovele Joden op wachten en aan deelnemen. Vele Joden willen een antwoord op deze vraag maar het antwoord wordt gevonden in het feit dat ze niet weten dat de Messias al gekomen is.

Jezus de Messias leed net zoals de Profeet Jesaja had geprofeteerd

De Messias die God belooft had aan Israël en echt zond is Jezus. Jezus werd geboren in Bethlehem in Judea zo'n tweeduizend jaar geleden, en toen het uur aanbrak, stierf Jezus aan het kruis stond weer op en opende de weg naar redding voor de mensheid. De Joden van Zijn tijd echter, herkende Jezus niet als de Messias waar zij op wachten. Het was omdat Jezus er heel anders uitzag dan het beeld dat zij hadden waar zij op vooruit liepen.

De Joden werden ongedurig door het rekken van de tijd van koloniale wetten, en het verwachten van een krachtige Messias om hen te bevrijden van hun politieke strijd. Ze waren in de veronderstelling dat de Messias zou komen als de Koning van Israël, en een einde zou maken aan al de oorlogen, hen zou verlossen van vervolging en onderdrukking en hen de echte vrede zou geven en hen zou verheffen boven alle natiën .

Jezus kwam echter niet naar deze wereld in glorie en luister maar werd geboren als de zoon van een arme timmerman. Hij kwam zelfs niet om Israël te bevrijden van de Romeinse onderdrukking of de vroegere glorie te herstellen. Hij kwam naar deze wereld om de mensheid te herstellen die gedoemd was tot de ondergang sedert de zonde van Adam om hen kinderen van God te maken.

Om die reden erkenden de Joden Jezus niet als de Messias en in plaats daarvan kruisigden ze Hem. Als we het beeld van de Messias zoals het in de Bijbel staat bestuderen, kunnen we alleen het feit bevestigen dat de Messias inderdaad Jezus is.

Als een loot schoot hij op onder Gods ogen, als een wortel die uitloopt in dorre grond. Onopvallend was zijn uiterlijk, hij miste iedere schoonheid, zijn aanblik kon ons niet bekoren. Hij werd veracht, door mensen

gemeden, hij was een man die het lijden kende en met
ziekte vertrouwd was, een man die zijn gelaat voor
ons verborg, veracht, door ons verguisd en geminacht.
(Jesaja 53:2-3)

God zei tegen de Israëlieten dat de Messias, Koning van
Israël, geen officiële vorm of majesteit van koninkrijk zou
hebben of om voor ons genoegen te verschijnen maar in plaats
daarvan zou Hij versmaad en door de mensen geminacht
worden. Nog steeds kunnen de Israëlieten Jezus niet herkennen
als de Messias die God hen beloofd had.

Hij werd versmaad en geminacht door Gods uitverkorenen,
de Israëlieten, maar God zette Jezus Christus boven alle naties
en ontelbare mensen hebben Hem aangenomen als hun redder.

Zoals geschreven staat in Psalm 118:22-23, *"De steen die de*
bouwlieden versmaad hebben, is tot een hoeksteen geworden;
van de HERE is dit geschied, het is wonderlijk in onze ogen,"
de voorzienigheid van de mensheid is tot stand gebracht door
Jezus die Israël bevrijdde.

Jezus had niet de verschijning van de Messias die de mensen
van Israël verwachtten te zien, maar we kunnen begrijpen
dat Jezus de Messias is waarover God profeteerde door Zijn
Profeten.

Alles, inclusief glorie, vrede en herstel dat God ons beloofd
had door de Messias met betrekking tot de geestelijke ruimte en
Jezus die naar deze wereld kwam om de taak zoals de Messias die

zegt, *"Mijn Koninkrijk is niet van deze wereld"* (Joh. 18:36).

De Messias waarover God profeteerde was niet een koning met aards gezag en glorie. De Messias kwam niet naar deze aarde zodat de kinderen van God konden genieten van de rijkdom, de reputatie, en eer tijdens hun tijdelijk verblijf in deze wereld. Hij zou komen om mensen te redden van hun zonden en hen te leiden naar een eeuwige vreugde in de hemel voor eeuwig en eeuwig.

> *En het zal te dien dage geschieden, dat de volken de wortel van Isaï zullen zoeken, die zal staan als een banier der natiën, en zijn rustplaats zal heerlijk zijn. (Jesaja 11:10)*

De beloofde Messias kwam niet alleen voor Gods uitverkorenen, de Israëlieten maar ook om de belofte van redding voor ieder die de belofte betreffende de Messias door geloof in de voetstappen van Abrahams geloof zou nemen. In het kort, de Messias zou komen om Gods belofte te vervullen, redding voor alle volkeren ter wereld.

De Behoefte van de Redder voor de gehele mensheid

Waarom kwam de Messias niet alleen voor de redding van de mensen van Israël maar voor de gehele mensheid?

In Genesis 1:28 zegende God Adam en Eva en zei tegen

hen, *"Weest vruchtbaar en wordt talrijk; vervult de aarde en onderwerpt haar, heerst over de vissen der zee en over het gevogelte des hemels en over al het gedierte, dat op de aarde kruipt."*

Nadat de eerste mens Adam geschapen en aangesteld was over alle andere schepselen gaf God de mens gezag om te onderwerpen en te heersen over de aarde. Maar toen Adam at van de boom van kennis van goed en kwaad, wat God duidelijk verboden had en de zonde van ongehoorzaamheid pleegde door de verleidingen door de slang satan ingegeven, kon Adam niet van zijn gezag genieten.

Toen ze het woord van gerechtigheid van God gehoorzaamden, waren Adam en Eva slaven van gerechtigheid en genoten van de autoriteit die God hen gegeven had, maar na hun zonden, werden zij slaven van hun denken en de duivel en werden gedwongen om zich te onderwerpen aan de autoriteiten. (Romeinen 6:16). Dus alle gezag dat Adam ontvangen had van God werd aan satan overgedragen.

In Lucas 4, daagde de vijand duivel Jezus drie maal uit, die zojuist veertig dagen van vasten had beëindigd. De duivel toonde Jezus alle koninkrijken van de wereld en zei tegen Hem, *"U zal ik al deze macht geven en hun heerlijkheid, want zij is mij overgegeven, en ik geef haar wie ik wil. Indien Gij mij dan aanbidt, zal zij geheel van U zijn."* (Lukas 4:6-7). De duivel sluit in dat het "heersen en de glorie" aan hem was overgedragen vanaf Adam en de duivel kan dit ook overdragen evenals iemand anders.

Ja, Adam verloor alle macht over de duivel, en als gevolg werd hij een slaaf van de duivel en werd op de weg die tot de dood leidt gezet. Van toen af stapelde Adam zonde op zonde onder invloed van de duivel en was op de weg naar de dood gezet, dat is het loon van de zonde. Dat hielt niet op bij Adam maar verspreidde zich over al zijn afstammelingen, die overeen kwamen met de oorspronkelijke zonde door erfelijke invloed. Ze kwamen onder het gezag van de zonde door de duivel en satan en met bestemming de dood.

Dit wijst op de noodzaak van de komst van de Messias. God koos niet alleen de Israëlieten maar ook alle mensen op aarde hadden de Messias nodig die in staat zou zijn om hen te bevrijden van de macht van de duivel, de satan.

De kwalificaties van de Messias

Net zoals er wetten zijn in deze wereld zijn er ook regels en voorschriften in de geestelijke wereld. Of een mens vervalt in de dood of ontvangt vergeving van zijn zonde en komt bij vergeving in de geestelijke wereld. Aan welke voorwaarden moet de mens voldoen om de Messias te zijn, om de hele mensheid te redden van de vloek van de wet? De voorziening betreffende de kwalificaties van de Messias worden gevonden in de wet die God aan zijn uitverkorenen gaf. De wet ging over de verlossing van het land.

En het land zal niet voor altijd verkocht worden, want het land is van Mij, en gij zijt vreemdelingen en bewoners bij Mij. In het gehele land, dat gij in bezit hebt, zult gij lossing voor het land toestaan. Wanneer uw broeder verarmd is en iets van zijn bezitting heeft moeten verkopen, dan zal zijn naaste bloedverwant als losser optreden, en hij zal loskopen wat zijn broeder heeft moeten verkopen. (Leviticus 25:23-25)

De wet van verlossing van het land heeft geheimen

betreffende de kwalificaties van de Messias.

Gods uitverkoren Israëlieten leven volgens de wet. Dus gedurende het handelen van het kopen en verkopen van land hielden zij zich trouw aan de wet betreffende de lossing van het land overeenkomstig de Bijbel. In tegengestelling tot de wetten in andere landen, maakt de Israëlische wet het duidelijk in de overeenkomst dat het land niet voorgoed verkocht werd maar het later teruggekocht kon worden. Het voorzag dat een welgesteld familie lid het kon vrijkopen voor een familielid die het kocht. Als de persoon geen familielid had die niet welgesteld was, maar hij heeft zijn middelen tot lossing herstelt, dan staat de wet de oorspronkelijke eigenaar toe om het te lossen voor zichzelf.

Hoe dan is de wet van de lossing van het land in Leviticus betreffende de eisen van de Messias?

Om dit beter te begrijpen, moeten we in gedachte houden dat de mens gevormd was uit het stof der aarde. In Genesis 3:19 zei God tegen Adam, *"In het zweet uws aanschijns zult gij brood eten, totdat gij tot de aardbodem wederkeert, omdat gij daaruit genomen zijt; want stof zijt gij en tot stof zult gij wederkeren."* En in Genesis 3:23 staat, *"Toen zond de HERE God hem weg uit de hof van Eden om de aardbodem te bewerken, waaruit hij genomen was."*

God zei tegen Adam, "Want je bent stof," en "het land" laat

geestelijk zien dat de mens gevormd is uit het stof der aarde. Dus de wet op de lossing van het land betreffende het kopen en verkopen is direct verbonden met de wet in het geestelijke betreffende de redding van de mens.

Overeenkomstig de wet van de lossing van het land, bezit God al het land en niemand kan het permanent kopen. Door het zelfde, behoort alle gezag dat Adam kreeg van God aan God toe en niemand kon het voorgoed kopen. Als iemand arm werd en zijn land verkocht, moest het land gelost worden als er een geschikte persoon verscheen. Op dezelfde manier moest de duivel zijn macht overgeven aan Adam zoals iemand die als die macht verschijnt lost.

Op grond van de wet van lossing, heeft de God van liefde iemand voor bereid die alle gezag kon overnemen die Adam aan de duivel was kwijtgeraakt. Die persoon is de Messias en de Messias is Jezus Christus die vanaf het begin voorbereid was en door God zelf gezonden.

De kwalificaties van de Redder en de vervulling door Jezus Christus

Laten we eens zien waarom Jezus de Messias en redder van de mensheid is op grond van de lossing van het land.

Ten eerste, juist de losser van het land moet een bloedverwant zijn, de Redder moet dus ook een man zijn, die de mensen verlost van hun zonden omdat de gehele mensheid zondigde door de zonde van de eerste mens Adam. Leviticus 25:25 zegt ons, *"Wanneer uw broeder verarmd is en iets van zijn bezitting heeft moeten verkopen, dan zal zijn naaste bloedverwant als losser optreden, en hij zal loskopen wat zijn broeder heeft moeten verkopen."* Als iemand niet langer het land kan onderhouden en het land verkoopt kan zijn naaste familielid het terug kopen. Op dezelfde manier, omdat de eerste mens Adam zondigde en zijn gezag moest overgeven aan de duivel werd de autoriteit overgegeven aan satan en moest vervuld worden door een man, Adam's "naaste familielid".

Zoals we zien in 1 Korintiërs 15:21, *"Want, dewijl de dood er is door een mens, is ook de opstanding der doden door een mens,"* de bijbel herinnert ons eraan dat de verlossing van de zondaren niet door engelen of door beesten kan geschieden maar alleen door een mens. De mensheid was op een weg naar de dood, als gevolg van de zonden van de eerste mens Adam, moest iemand anders ze verlossen van hun zonden, maar alleen een medemens, Adams "naaste familielid" zou dat kunnen doen.

Ondanks dat Jezus zowel de natuurlijke als de geestelijke natuur bezat als de Zoon van God, werd Hij geboren als een mens, om de mensheid te verlossen van hun zonden (Johannes 1:14) en ervoer groei. Als mens sliep Jezus, had honger en dorst, vreugde en zorgen. Toen Hij aan het kruis hing, bloede Jezus en voelde de pijn, die erbij hoorde.

Zelfs in de historische context, is er een stuk dat

onmiskenbaar bewijst dat Jezus naar deze aarde kwam om mens te zijn. Met de geboorte van Jezus als referentiepunt, is de geschiedenis van de wereld in tweeënverdeeld : "V.C."en "N.C." "V.C".of "Voor Christus" wijst op de tijd voor de geboorte van Jezus en "N.C." of Anno Domini (In het jaar van onze Here) wijst op de tijd sinds de geboorte van Jezus. Dit feit bevestigt dat Jezus als mens naar de aarde kwam. Dus Jezus voldeed aan de voorwaarden van de Redder omdat Hij naar deze aarde kwam als en mens.

Ten tweede, net zoals de losser van het land niet kon lossen, als hij arm was, kon een familielid van Adam hen niet verlossen van hun zonden, omdat Adam zondigde en al zijn nakomelingen geboren werden met de oorspronkelijke familie zonde. De persoon voor de verlossing van de mensheid mag geen familie van Adam te zijn.

Als een broeder wil lossen de schuld van zijn zuster, moet hij zelf zonder schuld zijn. Evenzo als de losser zondig is, is hij een slaaf van de zonde. Hoe kan hij dan echter anderen verlossen van zonde?

Nadat Adam aan de zonde van ongehoorzaamheid had toegegeven werd zijn hele familie geboren met de oorspronkelijke zonde. Dus geen familielid van Adam zou ooit de verlosser kunnen zijn.

Vleselijk gesproken is Jezus familie van David en zijn ouders zijn Jozef en Maria. Matteüs 1:20 zegt ons echter, *"Want wat in haar verwekt is, is uit de Heilige Geest."*

De reden dat ieder mens geboren is met de oorspronkelijke

zonde is omdat hij erft van zijn ouders door zijn vaders sperma en zijn moeders eitjes. Jezus ontving niet de bevruchting van Jozefs sperma en de eitjes van Maria maar door de kracht van de Heilige Geest. Ze werd zwanger voor ze gemeenschap had. De Almachtige God kan een kind verwekken door de kracht van de Heilige Geest zonder tussenkomst van sperma en eitje.

Jezus leende slechts het lichaam van Maria de maagd. Toen Hij voortkwam door de kracht van de Heilige Geest, bracht Jezus niet iets over van de zonde. Als Jezus geen familielid van Adam is en vrij van de oorspronkelijke zonde, voldoet Hij aan de tweede kwassificatie als Verlosser.

Ten derde, zoals de losser van het land welgesteld genoeg moest zijn om het land te lossen, moest de redder van de mensheid kracht genoeg hebben om de duivel te verslaan en de mens te redden voor de duivel.

Leviticus 25:26-27 zegt ons *"Wanneer iemand geen losser heeft, maar zijn vermogen wordt toereikend, zodat hij verwerft, wat hij voor lossing nodig heeft, dan zal hij de jaren sinds de verkoop in rekening brengen, en wat nog overblijft de man terugbetalen aan wie hij het verkocht heeft, opdat hij zijn bezitting terugkrijgt."*
De krijgsgevangenen redden vereist dat een deel, de kracht moeest bezitten om de vijand te verslaan en de schuld af te betalen, betekent ook dat hij de financiën er voor moest hebben. Evenzo, om de mensheid te kunnen verlossen van de autoriteit

van de duivel, vereistte dat, dat de redder de kracht moest bezitten om hen te bevrijden van de macht van de duivel.

Voor de zonde had Adam de kracht om te heersen over alle schepsels, maar na zijn zonde werd Adam onderworpen aan het gezag van de duivel. Vanuit dit kunnen we samen voegen dat de kracht om de duivel te overwinnen komt door niet te zondigen.

Jezus, de Zoon van God was geheel zonder zonde. Omdat Jezus overweldigd was door de Heilige Geest en niet ingedaald door Adam, was Hij zonder de oorspronkelijke zonde. Omdat Hij in de wet van God bleef gedurende Zijn hele leven, had Jezus geen zonde begaan. Hierom zei de apostel Petrus *"Die geen zonde gedaan heeft en in wiens mond geen bedrog is gevonden; die, als Hij gescholden werd, niet terugschold en als Hij leed, niet dreigde, maar het overgaf aan Hem, die rechtvaardig oordeelt"* (1 Petrus 2:22-23).

Dus als Hij zonder enige zonde was, had Jezus de kracht en de autoriteit om de duivel te verslaan en de macht om de mensheid van de duivel te redden. De ontelbare wonderen en tekenen zijn hier getuigen van. Jezus genas de zieken, dreef demonen uit, liet de blinden zien, de doven horen, en de kreupelen lopen. Zelfs stilde Jezus de ruwe zee en overwon de dood.

Het feit dat Jezus zonder zonden was bevestigd opnieuw zonder enige twijfel Zijn opstanding. Overeenkomst de wet van de geestelijke wereld, moeten zondaren gedood worden (Romeinen 6:23). Terwijl Hij zonder zonde was, werd Jezus echter niet geplaatst onder de macht van de dood. Hij ademde Zijn laatste adem uit aan het kruis en Zijn lichaam werd begraven in een graf, maar op de derde dag stond Hij op.

Onthoudt dit heel goed, dat zulke grote vaders van geloof zoals Henoch en Elia opgenomen werden in de hemel, zonder de dood te zien, omdat ze zonder zonden waren en volledig geheiligd waren. Evenoz, op de derde dag na Zijn begrafenis, verbrak Jezus dee autoriteit van de duivel en satan door Zijn opstanding, en werd de Redder van de gehele mensheid.

Ten vierde, zoals de losser van het land moet liefde hebben om te lossen voor zijn familie, moet de Redder van de mensheid ook liefde betonen waarbij Hij zijn leven aflegt voor anderen.

Zelfs als de verlosser voldoet aan de eerste drie punten die hiervoor genoemd zijn maar de liefde niet heeft, kan Hij de verlosser van de mensheid niet zijn. Stel voor een broer heeft een schuld van $ 100.000 en zijn zuster is multimillionaire. Zonder de liefde zou de zuster de schuld niet afbetalen en haar betekent haar geweldige rijkdom niets voor de broer.

Jezus kwam op deze aarde als een mens, en was geen afstammeling van Adam, en had de kracht om de duivel te verslaan en de mensheid te redden van de duivel omdat Hij in het geheel geen zonde had. Echter, als Hij tekort had aan liefde, zou Jezus de mensheid niet hebben kunnen verlossen van hun zonde. "Jezus bevrijder van de mensheid van hun zonden" betekent dat Hij de straf van de dood kreeg in hun plaats. Voor Jezus om de mensheid te bevrijden van hun zonden, moest Hij gekruisigd worden als een van de grootste zondaren, om te lijden aan allerlei soorten vernedering en gaf Zijn water en bloed tot de dood. Omdat de liefde van Jezus voor de mensheid zo groot was en Hij de mensheid wilde verlossen van hun zonden, gaf Jezus niets om zichzelf, wat betreft de de straf van de kruisiging.

Waarom werd Jezus dan aan een houten kruis gehangen en stroomde Zijn bloed tot de dood? Zoals Deuteronomium 21:23 ons zegt, *"want een gehangene is door God vervloekt."*

en overeenkomstig de wet van de geestelijke wereld die zegt "Het loon van zonde is de dood" werd Jezus aan de boom gehangen om de mensheid te verlossen van de vloek van de zonde waaraan ze gebonden waren.

Bovendien, zoals je kunt lezen in Leviticus 17:11 *"Want de ziel van het vlees is in het bloed en Ik heb het u op het altaar gegeven om verzoening over uw zielen te doen, want het bloed bewerkt verzoening door middel van de ziel."* Er is geen vergeving van zonde zonder dat er bloed vloeit.

Natuurlijk zegt Leviticus ons dat fijn meel geofferd kan worden aan God in plaats van bloed van dieren. Deze afweging echter, was voor hen die geen dier konden offeren. Het was niet het soort offeren van bloed dat God behaagde. Jezus verloste ons van onze zonde door aan een houten kruis te hangen en er dood te bloedden .

Hoe geweldig Jezus liefde is, dat Jezus zijn bloed liet stromen op het kruis en de weg opende voor redding voor hen die Hem bespotte en kruisigde, zelfs nadat Hij mensen genas van allerlei aandoeningen, de gebondenen bevrijdde, en alleen maar goed deed?

Uitgaande van de wet van lossen van het land, kunnen we zien dat alleen Jezus voldoet aan de kwaliteiten van Verlosser die de mensheid vrij kan zetten van zonden.

De weg van redding der mensheid voor het begin der schepping

De weg van redding van de mensheid ging open toen Jezus stierf aan het kruis en opstond op de derde dag van Zijn begrafenis na zijn dood. Jezus kwam naar deze wereld om de redding van de mensheid te vervullen en de Messias die de mensen voorspelden van af het ogenblik dat Adam zondigde.

In Genesis 3:15 zei God tegen de slang die de vrouw verzocht, *"Ik zal vijandschap zetten tussen u en de vrouw, en tussen uw zaad en haar zaad; dit zal u de kop vermorzelen en gij zult het de hiel vermorzelen."* Hier symboliseert, "de vrouw" geestelijk Gods uitverkorenen, Israël, en de slang stelt de vijand duivel voor en satan die tegen God op komt. Als het zaad van de vrouw (de slang) op zijn kop slaat, wil dat zeggen dat de Redder van de mensheid onder de Israëlieten komt en de macht van de dood van de vijand duivel verslaat.

Een slang wordt krachteloos zodra zijn kop gewond is. Op dezelfde manier, toen God tegen de slang zei dat het zaad van de vrouw de kop van de slang zou vermorzelen, profeteerde Hij dat Christus in Israël geboren zou worden voor de mensheid. En de macht van de duivel en satan zou vernietigen en de zondaren zou vrijzetten uit zijn macht.

Omdat het duidelijk voor hem werd, probeerde de duivel het zaad van de vrouw te doden voor dat het zijn kop kon beschadigen. Daarom geloofde de duivel dat hij eeuwig kon genieten van de autoriteit die hij gekregen had door de ongehoorzaamheid van Aam, als hij slechts het zaad van de vrouw zou doden. De vijand duivel echter wist niet wie het zaad van de vrouw zou zijn, en dus begon hij samen te zweren om Gods gelovige en geliefde profeten al sinds het Oude Testament te doden.

Toen Mozes geboren werd, zette de vijand duivel, de Farao van Egypte op om alle mannelijk geborenen van de vrouwen van Israël te doden. (Exodus 1:15-22), en toen Jezus naar deze wereld kwam in het vlees, bewoog dat het hart van Koning Herodus en deed hem alle mannelijke kinderen, van twee jaar en jonger, die te Bethlehem en omgeving geboren waren, te doden. Om die reden werkte God voor de familie van Jezus en leidde hen om naar Egypte te ontsnappen.

Naderhand groeide Jezus onder het toezicht van God zelf, en begon Zijn bediening op dertig jarige leeftijd. Overeenkomstig met de wil van God ging Jezus door geheel Galilea, lerende in hun synagogen en iedere ziekte genezende en iedere vorm van aandoening onder het volk, de dood overwinnende en het koninkrijk der hemelen predikende voor de armen.

De duivel en satan zetten de hoge priesters, de Schriftgeleerde, en de farizeeërs op en begon samen te zweren om Jezus door hen te doden. Maar de boze kon Jezus niet eens raken tot de tijd die God verkoos. Alleen tegen het einde van de drie jarige bediening van Jezus liet God toe dat Jezus gearresteerd en gekruisigd werd om de voorziening van de redding te doen uitkomen door Jezus kruisiging.

Bezwijkende onder de druk van de Joden, het Romeinse gezag van Pontius Pilatus werd Jezus gekruisigd, en ondertussen kroonden de Romeinse soldaten Jezus met doorns en nagelde Zijn handen en voeten aan het kruis.

Kruisiging was een van de gruwelijkste manieren om een misdadiger te veroordelen. Toen de duivel er in slaagde om Jezus gekruisigd te krijgen door boze mensen, hoe moet hij, de duivel, zich verheugd hebben! Er werd verwacht dat niets en niemand anders in staat zou zijn om de macht over de wereld te verhinderen en hij zong van vreugde en danste. Maar Gods voorziening werd hier gevonden.

Maar wat wij spreken, als een geheimenis, is de verborgen wijsheid Gods, die God (reeds) van eeuwigheid voorbeschikt heeft tot onze heerlijkheid. En geen van de beheersers dezer eeuw heeft van haar geweten, want indien zij van haar geweten hadden, zouden zij de Here der heerlijkheid niet gekruisigd hebben. (1 Korintiërs 2:7-8)

De Messias Gezonden door God

Juist omdat God rechtvaardig is loopt Hij niet in absolute macht tot het overtreden van de wet, maar doet alles in overeenstemming met de wet van de geestelijke wereld. Zo heeft Hij de weg tot redding voor de mensheid gebaand van voor de grondlegging der wereld overeenkomstig met de wet van God.

Overeenkomstig de wet van de geestelijke wereld die zegt "het loon der zonde is de dood" (Romeinen 6:23), als iemand niet zondigt kan hij niet bij de dood aankomen. De duivel kruisigde echter de zondeloze, oprechte, en onbevlekte Jezus. Daarom overtrad de duivel de wet van de geestelijke wereld en moest de prijs betalen door de macht terug gegeven nadat hij gezondigd had in ongehoorzaamheid. Met andere woorden, de duivel moest zijn grip op alle mensen loslaten die Jezus als hun Redder aannamen en geloven in Zijn naam.

Als de vijand duivel deze wijsheid van God gekend had zou hij Jezus niet gekruisigd hebben. Maar omdat hij echter geen idee had van dit geheim, hadden ze Jezus die zonder zonde was gedood, stellig gelovende dat hij de greep op de wereld zou versterken. Maar in werkelijkheid viel de duivel in zijn eigen val, en schond de wet van de geestelijke wereld. Hoe groot is Gods wijsheid!

De waarheid is echter dat de vijand duivel een instrument werd in de handen van God voor de redding van de mensheid, zoals door de profeten voorzegt is in Genesis dat zijn kop vermorzelt was door het zaad van de vrouw. Door Gods voorzienigheid en wijsdom, stierf Jezus die zonder zonde was opdat de hele mensheid verlost zou zijn van de zonde, en bij de opstanding op de derde dag, onteerde Hij de macht van de dood, de vijand duivel en werd de Koning der Koningen en de Heer der Heren. Hij opende de deur naar redding zodat we gerechtvaardigd worden door het geloof in Jezus Christus.

Daarom zijn ontelbare mensen in de geschiedenis van de mensheid gered door geloof in Jezus Christus en ontvangen zoveel meer mensen de Heer Jezus Christus vandaag.

De Heilige Geest ontvangen door het Geloof in Jezus Christus

Waarom ontvangen wij redding als we in Jezus Christus geloven? Door het aannemen van Jezus Christus als onze Redder, ontvangen we de Heilige Geest van God. Als we de Heilige Geest ontvangen, worden onze geesten welke dood waren, opgewekt. Omdat de Heilige Geest de kracht en het hart van God is, leidt de Heilige Geest Gods kinderen in waarheid, en helpt ze te leven volgens Gods wil.

zij die waarlijk geloven dat Jezus Christus hun redder is zullen de verlangens van de Heilige Geest volgen, en leven overeenkomstig naar Gods woord. Zij zullen afrekenen met haat, opvliegendheid, jaloezie, oordelen en anderen veroordelen, overspel, en plaats daarvan wandelen in goedheid, waarheid, en elkander liefhebben.

Zoals reeds eerder, gezegd, toen de eerste mens Adam zondigde door van de boom van kennis van goed en kwaad te eten ging de geest in de mens dood, en werd de mens op de weg van vernietiging gezet. Maar als we de Heilige Geest ontvangen worden onze dode geesten opgewekt en evenals wij de verlangens van de Heilige Geest zoeken en wandelen in de waarheid van het woord van God, worden wij geleidelijk aan mensen van de waarheid en het verloren beeld van God wordt hersteld.

Wanneer wij wandelen in het woord van waarheid van God, zal ons geloof herkent worden als het ware geloof en omdat onze zonden gereinigd worden door het bloed van Jezus overeenkomstig de daden van ons geloof, kunnen wij redding ontvangen. Om die reden vertelt 1 Johannes 1:7 ons: *"maar indien wij in het licht wandelen, gelijk Hij in het licht is, hebben wij gemeenschap met elkander; en het bloed van Jezus, zijn Zoon, reinigt ons van alle zonde."*

Dit is hoe we redding krijgen door geloof na vergeving van onze zonden ontvangen te hebben. Wanneer wij echter in zonden wandelen ondanks onze belijdenis van geloof, is die belijdenis een leugen, en dus kan het bloed van onze Heer Jezus Christus ons niet verlossen van onze zonden, noch kan Hij ons redding rechtvaardigen.

Natuurlijk is het een ander verhaal voor mensen die net Jezus Christus ontvangen hebben. Zelfs wanneer zij nog niet in de waarheid wandelen, zal God hun hart onderzoeken, geloven dat zij veranderd zullen worden en hen leiden tot de redding wanneer zij ernaar jagen om te wandelen in de waarheid

Jezus vervult de profetieën

Gods woord geprofeteerd over de Messias door de profeten werd vervuld door Jezus. Elk aspect van het leven van Jezus, vanaf Zijn geboorte en bediening tot Zijn dood en de kruisiging en opstanding, waren voorzien door God voor Hem om de Messias en Redder van de mensheid te worden.

Jezus geboren uit een maagd in Bethlehem

God profeteerde de geboorte van Jezus door de profeet Jesaja. Op het moment van Gods verkozen tijd, kwam de kracht van de Allerhoogste God op een vrouw die rein was, genaamd Maria, in Nazareth in Galilea en zij werd spoedig zwanger van een kind.

Daarom zal de Here zelf u een teken geven: Zie, de jonkvrouw zal zwanger worden en een zoon baren; en zij zal hem de naam Immanuël geven. (Jesaja 7:14)

Net zoals God het volk Israël beloofde, "Er zal geen einde komen aan het koningschap van het Huis van David," zorgde Hij ervoor dat de Messias voort zou komen uit een vrouw genaamd Maria, die in ondertrouw was met Jozef, een nakomeling van David. Als een nakomeling van Adam geboren met de oorspronkelijke zonde, kon de mensheid niet gered worden van hun zonden, God vervulde de profetie door de maagd Maria geboorte te laten geven aan Jezus, voordat zij en Jozef getrouwd waren.

Daarom zal Hij hen prijsgeven tot de tijd, dat zij die baren zal, gebaard heeft. Dan zal het overblijfsel zijner broederen terugkeren met de Israëlieten. (Micha 5:2)

De Bijbel profeteert dat Jezus in Bethlehem geboren zou worden. En inderdaad werd Jezus geboren in Bethlehem, Judea, tijdens de regering van Koning Herodus (Matteüs 2:1), en de geschiedenis getuigt van deze gebeurtenis.

Toen Jezus geboren werd, vreesde koning Herodus voor zijn macht, en probeerde Jezus te doden. Omdat hij niet in staat was om de baby te vinden, doodde koning Herodus echter alle mannelijke kinderen van twee jaar en jonger in Bethlehem en alle nabijgelegen plaatsen, en er was dus geween en gejammer in het hele gebied.

Als Jezus niet in deze wereld was gekomen als de echte Koning van de Joden, waarom zou een koning dan zoveel kinderen offeren om een baby te doden? Deze tragedie gebeurde, omdat de vijand duivel de Messias wilde doden uit vrees om zijn heerschappij over de wereld te verliezen en bewoog zo het hart van koning Herodus die bang was om zijn eigen kroon te verliezen en liet hem deze gruweldaad uitvoeren.

Jezus getuigt van de levende God

Voorafgaand aan Zijn bedizening, hield Jezus zich volledig aan de wet, gedurende 30 jaren van Zijn leven. En toen Hij oud genoeg was om priester te zijn, begon Hij Zijn bediening uit te bouwen om de Messsias te worden zoals eeuwen daarvoor geprofeteerd was.

De Geest des Heren HEREN is op mij, omdat de HERE mij gezalfd heeft; Hij heeft mij gezonden om een blijde boodschap te brengen aan ootmoedigen, om te verbinden gebrokenen van hart, om voor gevangenen vrijlating uit te roepen en voor gebondenen opening der gevangenis; om uit te roepen een jaar van het welbehagen des HEREN en een dag der wrake van onze God; om alle treurenden te troosten, om over de treurenden van Sion te beschikken, dat men hun geve hoofdsieraad in plaats van as, vreugdeolie in plaats van rouw, een lofgewaad in plaats van een kwijnende geest. En men zal hen noemen: Terebinten der gerechtigheid, een planting des HEREN, tot zijn verheerlijking. (Jesaja 61:1-3)

Zoals we zien in de profetie hierboven, lostte Jezus alle problemen van het leven op door de kracht van God en vertroostte de verbrokenen van hart. En toen Gods aangebroken tijd er was, ging Jezus naar Jeruzalem om te lijden tijdens het

Pasen.

Jubel luide, gij dochter van Sion; juich, gij dochter van
Jeruzalem! Zie, uw koning komt tot u, hij is rechtvaardig
en zegevierend, nederig, en rijdende op een ezel, op een
ezelshengst, een ezelinnejong. (Zacharia 9:9)

Overeenkomstig de profetie van Zacharia, ging Jezus de stad
Jeruzalem binnen, rijdend op een ezelin. De menigte schreeuwde,
"Hosanna de Zoon van David, gezegend Hij, die komt in de
naam des Heren; Hosanna in de hoogste hemelen!" (Matteus
21:9), en er was grote oproer in de stad. De mensen verheugden
zich zo omdat Jezus zulke wonderen en tekenen deed, zoals
wandelen over het water, en het opwekken van doden. Spoedig
zou de menigte Hem echter verraden en kruisigen.

Toen ze zagen hoe groot de menigten waren die Jezus volgden
om Zijn woorden van autoriteit te horen en de werkingen
van Gods kracht te zien, voelden de priesters, farizeeërs en
Schriftgeleerden zich bedreigt in de gemeenschap. Vanuit diepe
haat voor deze Jezus, maakten zij een complot om Hem te
doden. Ze maakten allerlei valse bewijsstukken tegen Jezus en
beschuldigden Hem van het misleiden en opruien van mensen.
Jezus liet wonderlijke werken van Gods kracht zien die niemand
kon doen tenzij God met die persoon was, maar zij probeerden
Jezus uit de weg te ruimen.

Tenslotte, verraadde een van Jezus' discipelen Hem en de

priesters gaven hem dertig zilverstukken om hen te helpen bij het arresteren van Jezus. Zacharia profeteerde over de dertig zilverstukken zeggend, *"Ik heb de dertig zilverstukken genomen en die in het huis des HEREN de pottenbakker toegeworpen,"* en deze werd vervuld (Zacharia 11:12-13).

Later was de man die Jezus verraden had niet in staat om zijn schuld gevoel te overwinnen, en gooide de dertig zilverstukken in het heiligdom van de tempel, maar de priesters gebruikten het geld om het land van de pottenbakker te kopen (Matteüs 27:3-10).

Het Paasfeest en de dood van Jezus

Zoals de profeet Jesaja profeteerde, leed Jezus tijdens het Paasfeest om alle mensen te redden.

Omdat Jezus naar deze wereld kwam om de vervulling van de verlossing, van zonden, van Zijn volk te voorzien, hing Hij aan een houten kruis welke het symbool van vloek was en werd aan God geofferd als een schuldoffer voor alle mensen.

Nochtans, onze ziekten heeft hij op zich genomen, en onze smarten gedragen; wij echter hielden hem voor een geplaagde, een door God geslagene en verdrukte. Maar om onze overtredingen werd hij doorboord, om onze ongerechtigheden verbrijzeld; de straf die ons de vrede aanbrengt, was op hem, en door zijn striemen is ons genezing geworden. Wij allen dwaalden als schapen, wij wendden ons ieder naar zijn eigen weg, maar de HERE heeft ons aller ongerechtigheid op hem doen neerkomen. Hij werd mishandeld, maar hij liet zich verdrukken en deed zijn mond niet open; als een lam dat ter slachting geleid wordt, en als een schaap dat stom is voor zijn scheerders, zo deed hij zijn mond niet open. Hij is uit verdrukking en gericht weggenomen, en wie onder zijn tijdgenoten bedacht, dat hij is afgesneden uit het land der levenden? Om de overtreding van mijn volk is de plaag op em geweest. En men stelde zijn graf bij de goddelozen; bij de rijke was hij in zijn dood, omdat hij geen onrecht gedaan heeft en geen bedrog in zijn mond is geweest. Maar het behaagde de HERE hem te verbrijzelen. Hij maakte hem ziek. Wanneer hij zichzelf ten schuldoffer gesteld zal hebben, zal hij nakomelingen zien en een lang leven hebben en het voornemen des HEREN zal door zijn hand voortgang hebben. (Jesaja 53:4-10)

Tijdens het Oude Testament, werd het bloed van dieren geofferd aan God elke keer wanneer een persoon tegen Hem gezondigd had. Maar Jezus liet Zijn zuivere bloed stromen welke noch de oorspronkelijke zonden noch de zelf-begane zonden bevatte en "offerde een offer eens en voor altijd" zodat alle mensen de vergeving van hun zonden zouden kunnen ontvangen en het eeuwige leven (Hebreeën 10:11-12). Dus maakte Hij de weg tot vergeving van zonden vrij en de redding door het geloof in Jezus Christus en daardoor is het niet langer nodig om het bloed van dieren te offeren.

Toen Jezus Zijn laatste adem gaf aan het kruis, scheurde het voorhangsel van de tempel in tweeën van boven tot onder (Matteüs 27:51). Het voorhangsel van de tempel was een groot gordijn welke het Heilige der heiligen afscheidde van de Heilige plaats in de tempel, en gewone mensen mochten de Heilige Plaats niet binnengaan. Alleen de hogepriester kon een keer per jaar het Heilige der heiligen binnengaan.

Het feit dat "het voorhangsel van de tempel in tweeën scheurde" symboliseert dat wanneer Hij Zichzelf offerde als verzoening, Jezus de muur van zonde vernietigde tussen God en ons. In het Oude testament, moest de hogepriester offers brengen aan God voor de verlossing van het volk Israël van hun zonden en bad tot God voor hen. Nu de muur van zonde die tussen God en ons stond, vernietigd is, kunnen wij opnieuw communiceren met God. Met andere woorden, iedereen die gelooft in Jezus Christus kan het heiligdom van God binnen gaan en Hem aanbidden en daar tot Hem bidden.

Daarom zal Ik hem een deel geven onder velen en met machtigen zal hij de buit verdelen, omdat hij zijn leven heeft uitgegoten in de dood, en onder de overtreders werd geteld, terwijl hij toch veler zonden gedragen en voor de overtreders gebeden heeft. (Jesaja 53:12)

Net zoals de profeet Jesaja geschreven heeft over het Lijden en de kruisiging van de Messias, stierf Jezus aan het kruis voor de zonden van alle mensen, maar werd gerekend onder de overtreders. Zelfs terwijl Hij stierf aan het kruis, vroeg Hij God om degene te vergeven die Hem kruisigden.

Vader, vergeef het hun, want zij weten niet wat zij doen. (Lucas 23:34)

Toen Hij aan het kruis stierf, ging de profetie van de Psalmist in vervulling, *"Hij behoedt al zijn beenderen, niet één daarvan wordt gebroken."* (Psalm 34:21). We kunnen de vervulling ervan vinden in Johannes 19:32-33, *"De soldaten dan kwamen en braken de benen van de eerste en van de andere, die met Hem gekruisigd waren; maar toen zij bij Jezus gekomen waren en zagen, dat Hij reeds gestorven was, braken zij zijn benen niet."*

Jezus vervult Zijn bediening in het worden van de Messias

Jezus droeg de zonden van de mensheid aan Zijn kruis en stierf voor hen als het zonde offer, maar de vervulling van de voorziening van redding kwam niet voort door Jezus dood.

Zoals geprofeteerd werd in Psalm 16:10, *"want Gij geeft mijn ziel niet prijs aan het dodenrijk, noch laat Gij uw gunstgenoot de groeve zien,"* en in Psalm 118:17, *"Ik zal niet sterven, maar leven en ik zal de daden des HEREN vertellen."*

Jezus lichaam rotte niet weg, en op de derde dag stond Hij op uit de dood.

Zoals verder geprofeteerd werd in Psalm 68:19, *"Gij zijt opgevaren naar den hoge; Gij hebt gevangenen meegevoerd; Gij hebt gaven in ontvangst genomen onder de mensen, ja ook van weerspannigen – om daar te wonen, o HERE God,"* Jezus steeg op ten hemel, en wacht daar tot de laatste dagen waarin Hij de ontwikkeling van de mensheid zal vervolmaken en Zijn volk zal leiden naar de hemel.

Het is gemakkelijk terug te vinden alles wat God geprofeteerd heeft over de Messias door Zijn profeten en hoe het vervuld werd door Jezus Christus.

De dood van Jezus en de profetieën over Israël

Gods uitverkorenen, Israël slaagden er niet in om Jezus te herkennen als de Messias. En toch heeft God het volk niet verlaten wat Hij verkozen heeft, en vervuld Zijn voorziening voor de redding van Israël.

Zelfs door Jezus kruisiging, heeft God geprofeteerd over de toekomst van Israël en dat komt door Zijn vurige liefde voor hen, en het verlangen voor hen om te geloven in de Messias die God gezonden heeft en redding te bereiken.

Het lijden voor Israël die Jezus kruisigden

Ondanks dat de Romeinse Gouverneur Jezus veroordeelde tot kruisiging, waren het toch de Joden die Pilatus tot deze beslissing gebracht hadden. Pilatus was zich bewust dat er geen enkele grond gevonden was om Jezus te doden, maar de menigte legden een druk op hem, en schreeuwden om Jezus kruisiging, en begonnen een oproer te veroorzaken.

Om zijn beslissing te bevestigen om Jezus te kruisigen, nam Pilatus water en waste zijn handen voor de ogen van de menigte en zei tot hen, *"Ik ben onschuldig aan zijn bloed; gij moet zelf maar zien, wat ervan komt."* (Matteüs 27:24). *"En al het volk antwoordde en zeide:Zijn bloed kome over ons en over onze kinderen!"* (Matteüs 27:25)

In 70 N.C., werd Jeruzalem veroverd door de Romeinse Generaal Titus. De tempel werd vernietigd en degene die het overleefden, werden gedwongen om hun geboorteland te verlaten en werden over de hele wereld verstrooit. Toen begon de Diaspora en deze heeft ongeveer 2000 jaar geduurd. Tijdens deze periode van de Diaspora kan de mate van het lijden waarmee het volk van Israël gefolterd werd niet beschreven worden met woorden.

Toen Jeruzalem werd veroverd, werden ongeveer 1.1 miljoen Joden gedood, en tijdens de Tweede Wereldoorlog, werden ongeveer zes miljoen Joden geslacht door de Nazi's. Toen ze afgeslacht werden door de Nazi's, werden ze uitgekleed, naakt en dit doet herinneren aan de tijd dat Jezus naakt gekruisigd werd.

Natuurlijk, vanuit Israëls perspectief, kunnen zij argumenteren dat hun lijden niet het gevolg is van het kruisigen van Jezus. Terugkijkend naar de geschiedenis van Israël, kan het echter gemakkelijk worden opgemerkt dat Israël en zijn volk werden beschermt door God en geprobeerd hebben te leven overeenkomstig de wil van God. Wanneer zij afstand namen van de wil van God, werden de Israëlieten gedisciplineerd en onderworpen aan lijden en beproevingen.

Dus wij weten dat Israëls lijden niet zonder een oorzaak was. Als het kruisigen van Jezus goed was geweest in Gods ogen, waarom zou God Israël dan gebracht hebben te midden van deze

De Messias Gezonden door God

harde en onophoudelijke kwellingen?

Jezus' bovenkleren en Zijn onderkleed, en de toekomst van Israël

Een ander voorval, wat de dingen voorspelde van de val van Israël nam plaats naast Jezus' kruisiging. Zoals we kunnen lezen in Psalm 22:19, *"Zij verdelen mijn klederen onder elkander en werpen het lot over mijn gewaad,"* namen de soldaten Jezus bovenkleed en deelden het in vieren, voor elke soldaat een deel, terwijl zij het lot wierpen voor Zijn onderkleed en een van de soldaten nam deze mee.

Hoe staat deze gebeurtenis in relatie met de toekomst van Israël? Als Jezus de koning van de Joden is, dan symboliseert Jezus' bovenkleed geestelijk Gods uitverkorene, de staat Israël en zijn volk. Toen Jezus bovenkleed in vieren werd verdeeld en de vorm van het kleed verdween, liet dit de vernietiging van de staat Israël zien. Omdat de structuur van het bovenkleed echter bleef, liet dit zien, dat ook al lijkt de staat Israël verdwenen te zijn, de naam "Israël" zou blijven.

Wat is de betekenis van het feit dat de Romeinse soldaten Jezus bovenkleed namen en er vier delen van maakten, een deel voor elke soldaat? Dit betekent, dat het volk Israël vernietigd zou worden door Rome en verstrooit zou worden. Deze profetie werd vervuld met de val van Jeruzalem en de vernietiging van de staat Israël, welke de Joden dwong om zich te verspreiden.

Over Jezus' onderkleed, schrijft Johannes 19:23, *"En zijn onderkleed. Dit kleed nu was zonder naad, aan één stuk geweven."* Het feit dat Zijn onderkleed "naadloos" was, betekent dat er niet veel lagen gebruikt waren om het kleed te naaien om een stuk te vormen.

De meeste mensen schenken niet veel aandacht aan hoe hun kleren geweven zijn. Waarom, staat de stuctuur van Jezus' onderkleed dan gedetailleerd opgeschreven in de Bijbel? Hierin is een profetie van gebeurtenissen verborgen die plaats zou vinden voor het volk Israël.

Jezus' onderkleed symboliseert het hart van het volk van Israël. Het hart waarmee zij God dienen. Het feit dat het onderkleed "naadloos, aan één stuk geweven" was, betekent dat Israëls hart naar God toe gebleven was, vanaf hun voorvader Jakob en niet wankelt, onder geen enkele omstandigheid.

Door de Twaalf stammen die volgen op de tijden van Abraham, Isaak en Jakob, vormden zij een natie en het volk Israël heeft zijn reinheid en zuiverheid als een natie behouden, zonder onderling te trouwen met de heidenen. Na de splitsing van het koninkrijk Israël in het Noorden en het Koninkrijk van Juda in het Zuiden, trouwden de mensen van het Noordelijke koninkrijk onderling, maar Juda bleef een gelijksoortige natie. Zelfs vandaag de dag, handhaven de Joden hun identiteit die afkomstig is van de tijd van de vaders van geloof.

Daarom, ondanks dat Jezus' bovenkleed in vier stukken werd verdeeld, bleef Zijn onderkleed in tact. Dit betekent dat terwijl

De Messias Gezonden door God

de verschijning van de staat Israël lijkt te verdwijnen, het hart van het volk Israël naar God gekeerd is, en hun geloof in Hem niet gedoofd kan worden.

Omdat zij zo'n onwankelbaar hart hebben, heeft God hen uitgekozen en door hen heeft Hij Zijn plan en wil tot op heden volbracht. Zelfs na de eeuwwisseling, houdt het volk Israël zich strikt aan de wet. Dat komt omdat zij het onveranderlijke hart van Jakob geërfd hebben.

Als gevolg, ongeveer 1900 jaren nadat ze hun land hadden verloren, lieten de mensen van Israël de wereld schrikken toen zij hun onafhankelijkheid verklaarden en het herstel van hun staat, op 14 mei 1948.

Ik zal u weghalen uit de volken en u bijeenvergaderen uit alle landen, en Ik zal u brengen naar uw eigen land. (Ezechiël 36:24)

Gij zult wonen in het land dat Ik uw vaderen gegeven heb; gij zult Mij tot een volk zijn en Ik zal u tot een God zijn. (Ezechiël 36:28)

Zoals reeds geprofeteerd werd in het Oude testament, *"Na geruime tijd zult gij een bevel ontvangen; in toekomende jaren,"* begon het volk Israël de Palestijnen te slaan en opnieuw hun eigen staat te bevestigen (Ezechiël 38:8). Bovendien, door zichzelf te ontwikkelen tot een van de werelds krachtigste landen, heeft Israël opnieuw aan de rest van de wereld laten zien,

ISRAEL WORDT WAKKER

dat ze als natie uitmunten in hun karaktertrekken.

God wil dat Israël zich voorbereid op de wederkomst van Jezus

God verlangt dat de pas-herstelde natie Israël deel neemt en zich voorbereid op de wederkomst van de Messias. Jezus kwam naar het land Israël, ongeveer 2000 jaar geleden, vervulde volledig de voorziening tot redding voor de mensheid en werd de Redder en Messias voor hen. Toen Hij opsteeg ten hemel, beloofde Hij dat Hij terug zou komen en nu wil God dat Zijn uitverkorenen wachten op de Wederkomst van de Messias met echt geloof.

Wanneer de Messias, Jezus Christus opnieuw komt, zal Hij niet komen in een armzalige stal of zal moeten lijden aan het kruis als straf, zoals tweeduizend geleden. In plaats daarvan zal Hij verschijnen op het bevel van de hemelse menigten en de engelen en terug komen naar deze wereld als de Koning der koningen en de Here der heerscharen, in de glorie van God, zodat de hele wereld het zal zien.

Zie, Hij komt met de wolken en elk oog zal Hem zien, ook zij, die Hem hebben doorstoken; en alle stammen der aarde zullen over Hem weeklagen. Ja, amen. (Openbaring 1:7)

Wanneer de aangewezen tijd komt, zullen alle mensen,

gelovigen en ongelovigen, de wederkomst van de Here zien in de lucht. Op die dag, zullen allen die geloven dat Jezus de Redder van de mensheid is, opgenomen worden in de wolken en deelnemen aan het bruiloftsmaal in de lucht, maar de anderen die achterblijven zullen rouwen.

Zoals God de eerste mens, Adam schiep en de mensheid begon te ontwikkelen, zal er zeker ook een einde aan komen. Net zoals een boer zaad zaait en de oogst binnenhaalt, zal er ook een oogsttijd zijn voor de ontwikkeling van de mensheid. Gods ontwikkeling van de mensheid zal eindigen wanneer de Messias, Jezus Christus voor de tweede keer komt.

Jezus zegt ons in Openbaringen 22:7, *"En zie, Ik kom spoedig. Zalig hij, die de woorden der profetie van dit boek bewaart!"* Onze tijd is in de laatste dagen. In Zijn onmetelijke liefde voor Israël, heeft God Israël vastgehouden tijdens de geschiedenis, zodat ook zij de Messias zullen aanvaarden. God verlangt ernstig dat niet alleen Zijn uitverkorenen Israël maar ook de gehele mensheid Jezus Christus aannemen voordat het einde van de ontwikkeling van de mensheid aanbreekt.

De Hebreeuwse Bijbel, bekend als het Oude Testament voor de Christenen.

Hoofdstuk 3

DE GOD WAARIN ISRAEL GELOOFT

De wet en de traditie

Terwijl God Zijn uitverkoren volk, Israël, uit Egypte leidde naar het beloofde land Kanaän, verscheen Hij op de top van de berg Sinaï. Toen riep de Here God, Mozes, de leider van de Exodus, tot Zich en vertelde hem dat de priesters zichzelf moesten heiligen wanneer zij God benaderden. Bovendien gaf God het volk de tien geboden en vele andere wetten door Mozes.

Toen Mozes officieel alle woorden van Jehovah-God vertelde en de verordeningen mededeelde aan de mensen, antwoordden zij met een stem en zeiden, *"Al de woorden die de Here gesproken heeft zullen wij doen!"* (Exodus 24:3) Maar terwijl Mozes op de berg Sinaï was overeenkomstig de roeping van God, liet het volk het beeld van een kalf maken en zondigden door de afgod te aanbidden.

Hoe konden zij dan Gods uitverkoren volk zijn en zo'n grote zonde doen? Alle mensen sinds Adam, die de zonde van ongehoorzaamheid deden, zijn nakomelingen van Adam en allen zijn geboren met de zondige natuur. Zij worden gedwongen tot zonde voordat ze geheiligd zijn door de besnijdenis van hun hart. Dat is de reden waarom God Zijn enige Zoon Jezus zond, en door Jezus kruisiging opende Hij de weg waardoor de mensheid vergeving kon ontvangen van al hun zonden.

Waarom dan gaf God de wet aan het volk? De Tien Geboden die God door Mozes gaf, de verordeningen en de bevelen die bekend zijn als de wet.

Door de wet leid God hen in het beloofde land, vloeiend van melk en honing

De reden en doel die God gaf aan het volk Israël, de wet voor de Exodus van Egypte is voor hen om te genieten van de zegeningen waardoor zij het land Kanaän binnen konden gaan, het land vloeiend van melk en honing. Het volk ontving de wet rechtstreeks van Mozes, maar zij onderhielden het verbond van God niet en deden vele zonden inclusief afgodenaanbidding en overspel. Uiteindelijk stierven de meesten van hen in hun zonden, tijdens de veertig jaren van leven in de woestijn.

Het boek Deuterononium werd opgenomen overeenkomstig de laatste woorden van Mozes, en doorgrond de verbonden van God en de wetten. Toen de meesten van de eerste generatie van de Exodus, behalve Jozua en Kaleb gestorven waren, en zijn tijd gekomen was om het volk Israël te verlaten, spoorde Mozes de tweede en derde generatie dringend aan om God lief te hebben en Zijn geboden te gehoorzamen.

Nu dan Israël, wat vraagt de Here, uw God, van u dan de Here, uw God te vrezen door in al Zijn wegen te wandelen; Hem lief te hebben; de Here, uw God te dienen met uw ganse hart en met uw ganse ziel; de geboden en de inzettingen des Heren, die ik u heden opleg, te onderhouden, opdat het u wel ga. (Deuteronomium 10:12-13).

God gaf hen de wet, omdat Hij wilde dat zij die vrijwillig zouden gehoorzamen, vanuit hun hart en hun liefde voor God zouden bevestigen door hun gehoorzaamheid. God gaf hen niet de wet om hen te binden of hen aan banden te leggen, maar Hij wilde hun harten van gehoorzaamheid aanvaarden en hen zegeningen geven.

Wat ik u heden gebied, zal in uw hart zijn, gij zult het uw kinderen inprenten en daarover spreken, wanneer gij in uw huis zit, wanneer gij onderweg zijt, wanneer gij nederligt en wanneer gij opstaat. Gij zult het ook tot een teken op uw hand binden en het zal u een voorhoofdsband tussen uw ogen zijn, en gij zult ze schrijven op de deurposten van uw huis en aan uw poorten. (Deuteronomium 6:6-9)

Door deze verzen, vertelde God hen hoe ze de wet in hun harten moesten dragen, het moesten onderwijzen en in de praktijk brengen. Door de eeuwen, worden de geboden en verordeningen van God zoals deze opgeschreven zijn in de Vijf boeken van Mozes nog steeds overpeinsd en onderhouden, maar de focus van het waarnemen van de wet wordt uiterlijk uitgedrukt.

De wet en de traditie van de oudsten

Bijvoorbeeld, de wet beval hen om de Sabbat heilig te bewaren, en de oudsten voegden vele gedetailleerde tradities toe, die het waarnemen van de geboden kon ontvouwen, zoals het verbod tot gebruik van automatische deuren, liften en trappen, en het openen van zakelijke brieven, paspoorten, en andere pakketjes. Hoe zijn deze tradities van de oudsten ontstaan?

Toen de tempel van God werd vernietigd en het volk van Israël in ballingschap werd weggevoerd naar Babylonië, dachten zij dat ze gefaald hadden in het dienen van God met hun gehele hart. Ze moesten God nog meer dienen en voegden de wet toe overeenkomstig de situaties, welke zou veranderen, dus maakten ze vele strenge reglementen.

Deze reglementen werden opgericht met een kijk om God met het hele hart te dienen. Met andere woorden, ze maakten zovele strenge regels die elk aspect van het leven omvatte, zodat ze de wet in hun dagelijkse leven konden toepassen.

Soms speelden de strenge regels een rol in de bescherming

van de wet. Maar terwijl de tijd verstreek, verloren ze de echte betekenis die de wet inhield, en hechtten meer belang aan de uiterlijk verschijning van de wet. Op deze wijze, weken ze af van de ware betekenis van de wet.

God ziet en aanvaard het hart van een ieder die de wet onderhoud, meer dan het belang van de uiterlijke verschijning van de wet door daden. Dus Hij maakte de wet om degene te bereiken die Hem echt eerden, en om een zegen te geven aan degene die Hem gehoorzaamden. Ondanks dat vele mensen gedurende Oud-Testamentische tijden de wet leken te onderhouden, waren er ook velen die de wet overtraden.

Was er maar iemand onder u, die de deuren sloot, opdat gij niet tevergeefs mijn altaar zoudt ontsteken! Ik heb geen welgevallen aan u, zegt de Here der heerscharen, en in een offer van uw hand schep Ik geen behagen. (Maleachi 1:10)

Toen de schriftgeleerden en de oudsten lasterden tegen Jezus en Zijn discipelen oordeelden, kwam dat niet omdat Jezus en Zijn discipelen de wet niet gehoorzaamden, maar omdat ze de tradities van de oudsten hadden overtreden. Het staat heel mooi beschreven in het evangelie van Matteüs.

Waarom overtreden Uw discipelen de overleveringen der ouden? Immers, zij wassen hun handen niet, wanneer zij brood eten. (Matteüs 15:2)

Op dat moment, verklaarde Jezus hen het feit dat het niet de geboden van God waren die ze overtraden, maar in plaats daarvan waren het de tradities van de oudsten die ze overtreden hadden. Natuurlijk is het belangrijk om de wet in uiterlijke daden te volgen, maar het is veel belangrijker om te beseffen dat de echte wil van God vastgelegd is in de wet.

En Jezus antwoordde hen en zeide,

Waarom overtreedt ook gij ter wille van uw overlevering (zelfs) het gebod Gods? Want God heeft gezegd:eer uw vader en uw moeder, en:wie vader of moeder vervloekt, zal de dood sterven. Maar gij zegt: Wie tot zijn vader of moeder zegt:Het is offergave, al wat gij van mij had kunnen trekken, behoeft zijn vader of zijn moeder niet te eren. Zo hebt gij het woord Gods van kracht beroofd terwille van uw overleveringen. (Matteüs 15:3-6)

In de daarop volgende verzen zegt Jezus ook:

Huichelaars, terecht heeft Jesaja over u geprofeteerd, zeggende:"Dit volk eert Mij met de lippen, maar hun hart is verre van Mij. Tevergeefs eren zij Mij, omdat zij leringen leren, die geboden van mensen zijn." (Matteus

15:7-9)

Nadat Jezus het volk tot Zich geroepen had, zei Hij tot hen,

Hoort en verstaat! Niet wat de mond binnengaat, maakt de mens onrein, maar wat de mond uitkomt, dat maakt de mens onrein. (Matteüs 15:10-11)

De kinderen van God zouden hun ouders moeten eren zoals geschreven staat in de Tien Geboden. Maar de farizeeërs onderwezen het volk dat de kinderen hun ouders moesten eren en dienen met hun bezittingen, en dat zij daar van ontslagen konden worden wanneer zij aankondigden dat ze al hun bezittingen aan God zouden offeren. Ze maakten zovele regels, die elk aspect van het leven betrof, zo gedetailleerd dat de heidenen niet durfden om al deze tradities van de oudsten te onderhouden, en zij dachten dat ze het heel goed deden als Gods uitverkorenen.

De God waar Israël in gelooft

Toen Jezus de zieken genas op de Sabbat, veroordeelden de Farizeeërs Jezus voor het overtreden van de Sabbat. Op een dag ging Jezus de synagoge binnen en keek naar een man die voor de Farizeeërs stond, en zijn hand was verschrompeld. Jezus had de intentie om hen wakker te maken en ondervroeg hen als volgt:

Is het geoorloofd op de sabbat goed te doen of kwaad te doen, een leven te redden of te doden? (Marcus 3:4)

Wie zou er onder u zijn, die een schaap heeft en die, als dit op een sabbat in een put valt, het niet grijpen en eruit trekken? Hoeveel gaat niet een mens een schaap te boven? Derhalve is het geoorloofd op de sabbat wel te doen. (Matteüs 12:11-12)

Omdat de farizeeërs gevuld waren met bolwerken over de wet, die gevormd waren binnen de tradities van de oudsten en de zelfgerichtte gedachten en levensstijlen, faalden ze niet alleen in het volbrengen van de echte wil van God, die in wet lag, maar ze faalden ook in het erkennen van Jezus, die naar de aarde was gekomen als de Redder.

Jezus wees hen dikwijls aan en vermaande hen om zich te bekeren en zich om te keren van hun zonden. Hij berispte ze, omdat ze het echte doel van God, met betrekking tot de wet, die Hij gegeven had, hadden veranderd en het hadden omgezet naar uiterlijke daden om de wet beter te kunnen controleren.

Wee u, schriftgeleerden en farizeeërs! gij huichelaars, want gij geeft tienden van de munt, de dille en de komijn, en gij hebt het gewichtigste van de wet verwaarloosd: het oordeel en de barmhartigheid en de trouw. Dit moest men doen en het andere niet nalaten. (Matteüs 23:23)

Wee u, schriftgeleerden en farizeeërs, gij huichelaars, want gij reinigt de buitenzijde van de beker en van de schotel, maar van binnen zijn zij vol roof en onmatigheid. (Matteüs 23:25)

Het volk Israel wat onder de regering van het Romeinse Rijk viel, beschreef in hun denken dat de Messias zou komen voor hen met grotere kracht en dat de Messias in staat zou zijn om hen te bevrijden uit de handen van hun tegenstanders en zou regeren over alle rassen en volken.

Ondertussen werd een man geboren, een timmerman; hij hing om met de verstotenen, de zieken, de zondaars; Hij noemde God "Vader" en Hij getuigde dat *Hij het licht van de wereld was.* Toen Hij hen vermaande vanwege hun zonden, werden degene die de wet in hun eigen kracht hadden onderhouden en zichzelf rechtvaardig verklaarden, in hun harten doorstoken en getroffen door de woorden en kruisigden ze Hem zonder enige reden.

God wil dat wij liefde en vergeving hebben

De farizeeërs hadden nauwkeurig toegekeken naar de reglementen van het Judaïsme en telden de vele jaren van gewoontes en tradities net zo waardevol als hun leven. Ze behandelden tollenaars, die werkten voor het Romeinse Keizerrijk als zondaren en ontweken hen.

De God waarin Israel gelooft

Beginnend in Matteüs 9:10, zegt het dat Jezus rustte aan de tafel in het huis van een tollenaar, genaamd Matteüs, en vele tollenaars en zondaren waren daar aan het eten met Jezus en Zijn discipelen. Toen de farizeeërs dit zagen, zeiden zij tot Zijn discipelen: "Waarom eet uw meester, met de tollenaars en zondaars?" Toen Jezus hoorde dat zij Zijn discipelen veroordeelden, legde Hij hen het hart van God uit. God geeft Zijn onvoorwaardelijke liefde en genade aan een ieder die zich bekeerd van zijn zonden vanuit zijn hart en zich er vanaf keert.

Matteüs 9:12-13 gaat verder, *"Zij die gezond zijn, hebben geen geneesheer nodig, maar zij, die ziek zijn. Gaat heen en leert, wat het betekent:Barmhartigheid wil Ik en geen offerande; want Ik ben niet gekomen om rechtvaardigen te roepen, maar zondaars."*

Toen de goddeloosheid van de mensen van Ninevé de hemel bereikte, stond God op het punt om de stad Ninevé te vernietigen. Maar voordat Hij dit deed, zond God Zijn profeet Jona, om ze te laten bekeren van hun zonden. De mensen vastten en bekeerden zich volledig van hun zonden en God veranderde Zijn beslissing om hen te vernietigen. Het waren echter de Farizeeërs die dachten dat iedereen die de wet overtrad, er geen enkel andere keuze was, dan alleen maar om geoordeeld te worden. 'het meest belangrijke deel van de wet, is de onfeilbaar liefde en vergeving van God, maar de farizeeërs dachten dat het oordelen van iemand rechtvaardiger en waadevoller was dan hen te vergeven in liefde.

Op gelijke wijze, wanneer wij het hart van God niet begrijpen, die de wet aan ons gegeven heeft, worden wij gedwongen om alles te oordelen met ons eigen denken en theorieën en die oordelen zullen verkeerd zijn en tegen God.

Gods echte doel voor het geven van de wet

God schiep de hemel en de aarde en alles erin en maakte de mens met als doel om echte kinderen te verkrijgen die gelijken op Zijn hart. Met dit doel zei God tot Zijn volk, *"Wees heilig, want Ik ben heilig"* (Leviticus 11:44). Hij acht van ons dat wij Hem vrezen wanneer wij niet alleen goddelijk in verschijning zijn, maar ook onberispelijk worden door alle zonde uit ons hart te verwijderen.

In Jezus' tijd, hadden de farizeeërs en schriftgeleerden meer interesse in het brengen van offers en in het nakijken van de daden van de wet, dan in het offeren met hun eigen harten. God heeft welgevallen in een gebroken en berouwvol hart, meer dan in offers (Psalm 51:16-17), dus heeft Hij ons de wet gegeven om ons van onze zonden te bekeren en terug te keren door de wet.

Gods echte wil vastgelegd in de wet van het Oude Testament

Dat betekent niet dat de daden van het volk van Israël met betrekkening tot het naleven van Gods wet niet hun liefde voor God inhield. Maar het echte ding wat God wilde dat ze zouden doen was het heiligen van hun hart en Hij vermaande hen ernstig door de profeet Jesaja.

Waartoe dient Mij de menigte uwer slachtoffers?
zegt de Here; oververzadigd ben Ik van de brandoffers
van rammen en het vet van mestkalveren, en aan
het bloed van stieren, schapen en bokken heb Ik
geen welgevallen. Wanneer gij komt om voor Mijn
aangezicht te verschijnen - wie heeft dit van u verlangd,
Mijn voorhoven plat te treden? Gaat niet voort met
huichelachtige offers te brengen - gruwelijke reukwerk
is het Mij; nieuwe maan en sabbat, het bijeenroepen
der samenkomsten - Ik verdraag het niet; onrecht met
feestelijke vergadering. (Jesaja 1:11-13)

De echte betekenis van het naleven van de wet, houd niet
de uiterlijke daden in, maar de gewilligheid van het binnenste
hart. Dus, God heeft geen welgevallen in de veelvuldigheid
van offerandes, die enkel als gewoonte werden gedaan en
oppervlakkige actie om het heiligdom binnen te gaan. Ongeacht
hoeveel offers zij ook offerenden overeenkomstig de wet,
nam God geen welgevallen in hen, omdat hun harten niet in
overeenstemming waren met de wil van God.

Zo is het ook met onze gebeden. In onze gebeden zijn niet
alleen de handelingen van onze gebeden belangrijk, maar de
houdingen van onze harten in gebed zijn veel belangrijker. Een
Psalmist zei in Psalm 66:18, *"Had ik onrecht beoogd in mijn*
hart, dan zou de Here niet hebben gehoord."

God liet de mensen door Jezus weten dat Hij geen welbehagen heeft in de gebeden die hypocriet zijn of voor de schijn zijn, maar enkel oprechte gebeden van het hart.

En wanneer gij bidt, zult gij niet zijn als de huichelaars, want zij staan gaarne in de synagogen en op de hoeken der pleinen te bidden, om zich aan de mensen te vertonen. Voorwaar Ik zeg u, zij hebben hun loon reeds. Maar gij, wanneer gij bidt, ga dan in uw binnenkamer, sluit uw deur en bid tot uw Vader, in het verborgene, en uw Vader die in het verborgene ziet, zal het u vergelden. (Matteüs 6:5-6)

Hetzelfde gebeurt wanneer wij ons bekeren van onze zonden. Wanneer wij ons bekeren van onze zonden, wil God niet dat wij onze kleren verscheuren en weeklagen, maar dat wij onze harten verscheuren en ons bekeren van onze zonden vanuit ons hart. De handeling van de bekering zelf, is niet belangrijk, en wanneer wij ons bekeren van onze zonden van uit ons hart en ons er van afkeren, aanvaard God die bekering.

Maar ook nu nog luidt het woord des Heren:bekeert u tot Mij met uw ganser hart, en met vasten en met geween en met rouwklacht. Scheurt uw hart en niet uw klederen en bekeert u tot de Here, uw God. want genadig en barmhartig is Hij, lankmoedig en groot van goedertierenheid, berouw hebbende over het onheil. (Joël

2:12-13)

Met andere woorden, God wil het hart aannemen van degene die de wet doen eerder dan de actie van het naleven van de wet zelf. Dit wordt beschreven als de "besnijdenis van het hart" in de Bijbel. We kunnen onze lichamen besnijden door de voorhuid af te snijden, terwijl we de huid van ons hart kunnen besnijden door onze harten te besnijden.

De besnijdenis van het hart die God wil

Waar verwijst de besnijdenis van het hart naar tot in detail? Het verwijst naar het "afsnijden en wegwerpen van allerlei soorten zonden en boosheid, inclusief naijver, jaloezie, opvliegendheid, slechte gevoelens, overspel, leugen, misleiding, oordeel en veroordeling van het hart." Wanneer je de zonden en boosheid afsnijd van het hart en de wet naleeft, aanvaard God dat als volmaakte gehoorzaamheid.

Besnijdt u voor de Here en doet weg de voorhuid van uw hart, gij mannen van Juda en inwoners van Jeruzalem, opdat Mijn gramschap niet uitsla als een vuur en onuitblusbaar brande om de boosheid uwer handelingen. (Jeremia 4:4)

Besnijdt dan de voorhuid uws harten en weest niet meer hardnekkig. (Deuteronomium 10:16)

Egypte en Juda, Edom en de Ammonieten, Moab
en allen, die zich in haar rondom wegscheren,
die in de woestijn wonen; want alle volkeren zijn
onbesneden, maar het gehele huis van Israël bestaat uit
onbesnedenen van hart. (Jeremia 9:26)

En de Here, uw God, zal uw hart en het hart van uw
nakroost besnijden, zodat gij de Here, uw God liefhebt
met geheel uw hart en met geheel uw ziel, opdat gij leeft.
(Deuteronomium 30:6)

Dus het Oude Testament spoort ons dikwijls aan om onze harten te besnijden, want alleen degene die hun harten hebben besneden, kunnen God lief hebben met heel hun hart en heel hun ziel.

God wil dat Zijn kinderen volmaakt en heilig zijn. In Genesis 17:1, God zei tot Abraham "Wees onberispelijk," en in Leviticus 19:2, beval Hij het volk van Israël om ook "heilig te zijn".

Johannes 10:35 zegt, *"Als Hij hen goden genoemd heeft,*
tot wie het woord Gods gekomen is, (en de schrift niet kan
gebroken worden)" en 2 Petrus 1:4 zegt, *"Door deze zijn*
wij met kostbare en zeer grote beloften begiftigd, opdat
gij daardoor deel zoudt hebben aan de goddelijke natuur,
ontkomen aan het verderf, dat door de begeerte in de wereld
heerst."

In het Oude Testament werden ze gered door de handelingen

na te leven van de wet, terwijl in het Nieuwe Testament wij gered kunnen worden door het geloof in Jezus Christus, die de wet met liefde vervulde.

Redding door daden, in het Oude Testament, was mogelijk wanneer zij zondevolle verlangens hadden om te moorden, overspel te plegen, en te liegen, maar het niet daadwerkelijk deden. In het Oude Testament leefde de Heilige Geest niet in hen en konden ze de zondevolle verlangens niet verwerpen in hun eigen kracht. Dus toen zij geen daadwerkelijke zonden deden, werden ze niet als zondaren beschouwd.

In het Nieuwe Testament echter kunnen we enkel redding bereiken wanneer wij onze harten besnijden door geloof. De Heilige Geest laat ons weten wat zonden zijn, gerechtigheid en oordeel en helpt ons te leven door het woord van God, zodat we alle leugen kunnen verwerpen en de zondevolle natuur en onze harten kunnen besnijden.

Redding door het geloof in Jezus Christus wordt niet zomaar gegeven wanneer iemand weet en gelooft dat Jezus Christus de Redder is. Enkel wanneer wij alle zonde uit ons hart verwijderen, omdat we God liefhebben, zal God het beschouwen als echt geloof en ons niet alleen tot volkomen redding leiden, maar ook naar de weg van verbazingwekkende antwoorden en zegeningen.

Hoe God te behagen

Het is heel natuurlijk dat een kind van God niet zou

zondigen in daden. Het is ook normaal voor hem om alle leugen en zondevolle verlangens van het hart te verwerpen en te gelijken op de heiligheid van God. Als je geen zonde doet in daden, maar zondevolle verlangens in je hebt, welke God niet wil, kan je niet als rechtvaardig beschouwd worden voor God.

Dat is de reden waarom er geschreven staat in Matteüs 5:27-28, *"Gij hebt gehoord, dat er gezegd is:Gij zult niet echtbreken. Maar Ik zeg u:een ieder, die een vrouw aanziet om haar te begeren heeft in zijn hart reeds echtbreuk met haar gepleegd."*

En er staat geschreven in 1 Johannes 3:15, *"Een ieder, die zijn broeder haat, is een mensenmoorder en gij weet, dat geen mensenmoorder eeuwig leven blijvend in zich heeft."* Dit vers spoort ons aan om alle haat uit ons hart te verwijderen.

Hoe moet je handelen tegenover je vijanden die je haten, in overeenstemming met de welgevallige wil van God?

De wet van het Oude Testament zegt ons, "oog om oog, en tand om tand." In andere woorden, de wet zegt, *"Dat hij een mens heeft toegebracht, zal hem toegebracht worden"* (Leviticus 24:20). Dat was om te voorkomen dat iemand iets zou toebrengen aan iemand, door nauwkeurige restricties. Dat komt omdat God weet dat de mensheid altijd probeert om het iemand betaald te zetten, hem nog meer aan te doen dan wat hem aangedaan is.

Koning David werd aanbevolen als een persoon naar Gods

hart. Toen Koning Saul hem probeerde te doden, deed David geen enkel kwaad terug aan koning Saul, die hem zoveel had aangedaan, maar behandelde hem met goedheid tot het laatste moment. David zag de echte betekenis van het naleven van de wet en enkel te leven naar het woord van God.

Gij zult niet wraakzuchtig en haatdragend zijn tegenover de kinderen van uw volk, maar uw naaste liefhebben als uzelf. Ik ben de Here. (Leviticus 19:18)

Als uw vijand valt, verheug u dan niet; als hij struikelt, jubele uw hart niet. (Spreuken 24:17)

Indien uw vijand honger heeft, geef hem brood te eten; indien hij dorst heeft, geef hem water te drinken. (Spreuken 25:21)

Gij hebt gehoord dat er gezegd is: Gij zult uw naaste liefhebben en uw vijanden haten. Maar, Ik zeg u: Hebt u vijanden lief en bidt voor wie u vervolgen. (Matteus 5:43-44)

Overeenkomstig de bovenvermelde verzen, als je de wet wil naleven maar iemand die het moeilijk maakt niet vergeeft, heeft God geen welgevallen in je. Dat komt omdat God ons heeft gezegd dat we onze vijanden moeten liefhebben. Wanneer je de wet naleeft en wanneer je het doet met je hart, dat God wil dat je hebt, kan je beschouwd worden als volledig gehoorzaam zijn aan het woord van God.

De wet een teken van Gods liefde

De God van liefde wil ons eindeloze zegeningen geven, maar omdat Hij de God van gerechtigheid is, heeft Hij geen andere keuze dan ons over te geven aan de duivel wanneer wij zondigen. Dat is de reden waarom sommige gelovingen in God ziek zijn of een ongeluk krijgen of ramen, wanneer zij niet leven overeenkomstig Gods woord.

God heeft ons vele geboden gegeven van God in Zijn liefde om ons te beschermen van sommige van die beproevingen en pijnen. Hoevele instructies geven ouders wel niet aan hun kinderen om hen te beschermen van ziekten en ongelukken?

"Was je handen wanneer je thuis komt."
"Poets je tanden na het eten."
"Kijk goed om je heen wanneer je de straat oversteekt."

Evenzo, heeft God ons gezegd om Zijn geboden en inzettingen na te leven voor ons eigen welzijn in Zijn liefde (Deuteronomium 10:13). Het woord van God onderhouden en in praktijk brengen is als een lamp voor onze reis van leven. Ongeacht hoe duister het is, we kunnen het pad naar de bestemming veilig bewandelen met een lamp, en evenzo, wanneer God, die het licht is, met ons is, kunnen wij worden beschermt en genieten van het voorrecht en zegeningen van de kinderen van God.

Welk een welbehagen heeft God erin wanneer Hij Zijn kinderen beschermt, die Zijn woord gehoorzamen met Zijn vurige ogen en hen geeft alles wat ze vragen! Overeenkomstig kunnen die kinderen hun harten veranderen in reine en goede harten en gelijken op God, zoveel als zij het woord van God onderhouden en gehoorzamen, en de diepte voelen van Gods liefde en nog meer van Hem kunnen houden.

Daarom is de wet die God ons gegeven heeft als een leerboek van liefde die de richtlijnen vertegenwoordigen tot de beste zegeningen voor ons, die onder de ontwikkeling van God zijn hier op aarde. De wet van God brengt geen lasten op ons, maar beschermt ons tegen allerlei rampen in deze wereld, waarin de vijand duivel en satan heersen en het leidt ons tot het pad van zegening.

Jezus vervuld de wet door liefde

In Deuteronomium 19:19-21 kunnen wij vinden dat in de tijd van het Oude Testament, wanneer mensen zondigden met hun ogen, hun ogen uitgerukt werden. Wanneer zij zondigden met hun handen of voeten, werden hun handen of voeten afgehouwen. Wanneer zij iemand vermoordden of overspel pleegden, werden ze ter dood gestenigd.

De wet van de geestelijke wereld verteld ons dat het resultaat van onze zonden de dood is. Dat is de reden waarom God degene ernstig straft die onvergefelijke zonden doen, en wilde Hij dus vele andere mensen waarschuwen om niet dezelfde zonden te doen.

Maar de God van liefde had geen volkomen behagen met het geloof waardoor zij zich vasthielden aan de wet en zeiden, "Oog om oog, en tand om tand." In plaats daarvan legde Hij de nadruk opnieuw en opnieuw in het Oude Testament dat ze hun harten moesten besnijden. Hij wilde niet dat Zijn mensen pijn zouden lijden mede door de wet, dus toen de tijd aanbrak, zond Hij Jezus naar de aarde en liet Hem alle zonden van de gehele mensheid dragen en de wet met liefde vervullen.

Zonder Jezus' kruisiging, zouden onze handen en voeten afgehouwen moeten worden wanneer wij zondigen met onze handen en voeten. Maar Jezus nam het kruis en liet Zijn kostbare bloed vloeien door vastgenageld te worden met Zijn handen en voeten om al onze zonden weg te wassen die wij gedaan hebben met onze handen en voeten. Nu moeten wij onze handen en voeten niet meer afhouwen, vanwege deze grote liefde van God.

Jezus, Die een is met de God van liefde, kwam naar deze aarde, en vervulde de wet met liefde. Jezus leefde het voorbeeldige leven door alle wetten van de God te onderhouden.

Ondanks dat Hij de wet volledig onderhield, veroordeelde Hij echter niet degene die faalden in het naleven van de wet, zeggende, "Jij hebt de wet verbroken, en bent op weg naar de dood." Integendeel, Hij onderwees het volk de waarheid, dag en nacht, zodat ook maar een ziel zich kon bekeren van zijn zonden en redding kon bereiken, en zonder ophouden werkte Hij en genas en zette degene vrij die gebonden waren door ziekte, kwalen en demonen.

Jezus' liefde had uitstekende kenmerken, wanneer een vrouw, die betrapt werd op overspel, weggebracht werd tot Jezus door de schriftgeleerden en farizeeërs. In het 8ste hoofdstuk van het evangelie van Johannes brachten de schriftgeleerden en farizeeërs de vrouw tot Jezus en vroegen Hem, zeggend, *"In de wet heeft Mozes ons bevolen, zulken te stenigen, Gij dan, wat zegt Gij?"* (v. 5) Jezus antwoordde dan, zeggende, *"Wie van u zonder zonde is, werpe de eerste steen naar haar."* (v. 7).

Door deze vraag te stellen aan hen, had Hij als intentie om ze wakker te maken, dat niet alleen de vrouw, maar ook zij zelf, die haar veroordeelden voor haar overspel en probeerden om enige grond te vinden om Jezus aan te klagen, dezelfde zondaren waren voor God en dat niemand het kan wagen om iemand anders te veroordelen. Toen de mensen dat hoorden, werden zij overtuigd door hun geweten en ze gingen een voor een weg, beginnend met de oudste, tot de laatste toe. En Jezus bleef alleen achter en de vrouw in het midden.

Jezus zag niets meer dan een vrouw en zei tot haar, *"Vrouw, waar zijn zij? Heeft iemand u veroordeeld?"* (v. 10) Zij zei, "Nee, Heer, niemand." En Jezus zei tot haar, *"Ook Ik veroordeel u niet. Ga heen, zondig van nu af niet meer."* (v. 11).

Toen de vrouw gebracht werd en haar onvergefelijke zonden

geopenbaard werden, werd ze onderdruk met grote vrees. Dus, toen Jezus haar vergaf, kunt u zich voorstellen de vele tranen die ze gehuild moeten hebben in diepe emoties en dankbaarheid! Iedere keer wanneer zij deze vergeving en liefde van Jezus herinnerde, zou ze nooit meer durven om de wet opnieuw te breken noch kon ze opnieuw zondigen. Dit werd mogelijk gemaakt omdat ze Jezus ontmoette die de wet met liefde vervulde.

Jezus vervulde de wet met liefde, niet alleen voor deze vrouw, maar voor alle mensen. Hij spaarde Zijn eigen leven helemaal niet en legde Zijn leven neer voor ons zondaren aan het kruis met het hart van ouders, die hun eigen leven niet sparen om hun verdrinkende kinderen te redden.

Jezus was onberispelijk en zonder vlekken, en de Enige Zoon van God, maar Hij droeg alle onbeschrijfelijke pijnen, liet Zijn bloed en water vloeien en legde Zijn leven neer aan het kruis voor ons zondaren. Zijn kruisiging was het meest aangrijpende moment van het vervullen van de grootste liefde door de geschiedenis van de mensheid.

Wanneer deze kracht van Zijn liefde op ons komt, ontvangen wij de kracht om de wet volledig te onderhouden en zijn in staat om de wet met liefde te vervullen net zoals Jezus dat deed.

Wanneer Jezus de wet niet had vervuld met liefde, maar in plaats daarvan iedereen oordeelde en veroordeelde met de wet, en Zijn ogen afkeerde van de zondaren, hoeveel mensen zouden redding in de wereld kunnen ervaren? Zoals geschreven staat in de Bijbel, *"Niemand is rechtvaardig, ook niet één"* (Romeinen 3:10), kan niemand gered worden.

Daarom, de kinderen van God die vergeven zijn van hun zonden, door de grote liefde van God, zouden niet alleen Hem moeten liefhebben door Zijn geboden te onderhouden, maar ook door hun buren lief te hebben als zichzelf en hen dienen en vergeven.

Degene die anderen oordelen en veroordelen door de wet

Jezus vervulde de wet met liefde en werd de Redder voor de gehele mensheid, maar wat deden de farizeeërs, de schriftgeleerden en wetgeleerden? Zij hielden vast aan het naleven van de wet door daden eerder dan hun harten te heiligen zoals God dat wil, maar ze dachten dat zij de wet volledig naleefden. Bovendien, vergaven zij ook niet degene die de wet niet naleefden, maar oordeelden en veroordeelden hen.

Maar onze God heeft nooit gewild dat wij anderen zouden oordelen en veroordelen zonder genade en liefde. Noch wil Hij dat wij ons pijnigen door de wet na te leven zonder ooit de liefde van God ervaren te hebben. Wanneer wij de wet naleven, maar falen in het verstaan van Gods hart, en falen om het te doen in liefde, dan heeft het geen enkel voordeel voor ons.

Al ware het, dat ik profetische gaven had, en alle

geheimenissen en alles, wat te weten is, wist en al het
geloof had, zodat ik bergen verzette, maar ik had de
liefde niet, ik ware niets. al ware het, dat ik al wat ik heb
tot spijs uitdeelde, en al ware het, dat ik mijn lichaam
gaf om te worden verbrand, maar ik had de liefde niet,
het baatte mij niets. (1 Korintiers 13:2-3)

God is liefde, en Hij verheugt zich en zegent ons wanneer wij het doen in liefde. In Jezus' tijd faalden de farizeeërs om liefde te bezitten in hun harten, terwijl ze probeerden met hun daden de wet na te leven en dit gaf hen geen enkel voordeel. Zij oordeelden en veroordeelden anderen met de kennis van de wet en het zorgde ervoor dat ze ver van God bleven, en had als gevolg dat ze de Zoon van God kruisigden.

Wanneer u de echte wil van God begrijpt, welke vastzit in de wet

Zelfs in Oudtestamentische tijden, waren er grote vaders van geloof die de echte wil van God begrepen in de wet. De vaders van geloof, inclusief Abraham, Jozef, Mozes, David en Elia onderhielden niet alleen de wet, maar probeerden ook hun best te doen om echte kinderen van God te worden door ijverig hun harten te besnijden.

Toen Jezus echter als de Messias gezonden werd door God om de Joden, de God van Abraham, de God van Isaak en de God van Jakob te leren kennen, waren zij niet in staat om Hem te erkennen. Dat kwam omdat zij blind waren door de tradities van de oudsten en het naleven van daden van de wet.

Om te getuigen dat Hij de Zoon van God is, verrichtte Jezus ontzagwekkende wonderen en wonderlijke tekenen, die enkel mogelijk waren door de kracht van God. Maar ze konden Jezus niet erkennen noch Hem ontvangen als de Messias.

Maar het was anders voor degene van de Joden, die een goed hart hadden. Toen zij luisterden naar de boodschappen van Jezus, geloofden zij in Hem en wanneer zij de wonderlijke tekenen zagen die Jezus verrichtte, geloofden zij dat God met Hem was. In het derde hoofdstuk van het evangelie van Johannes, kwam er een Farizeeër genaamd "Nicodemus" naar Jezus in de nacht en zei het volgende tot Hem.

Rabbi, wij weten, dat Gij van God gekomen zijt als leraar; want niemand kan die tekenen doen, welke Gij doet, tenzij God met Hem is. (Johannes 3:2)

De God van liefde wacht tot Israel terugkeert

Waarom slaagden de meeste Joden er niet in om Jezus te erkennen die naar de aarde kwam als de Redder? Zij hadden een denkraam van de wet in hun eigen denken en geloofden dat ze van God hielden en Hem dienden, en waren niet gewillig om de dingen die anders waren dan hun eigen denkraam te aanvaarden. Totdat hij de Here Jezus ontmoette, geloofde Paulus standvastig dat het volledig naleven van de wet en de tradities van de oudsten was om God lief te hebben en te dienen. Dat is de reden waarom hij Jezus niet aanvaarde als de Redder, maar in plaats daarvan Hem en Zijn volgelingen vervolgde. Nadat hij de opgestane Here Jezus ontmoette op de weg naar Damascus, werd zijn volledige denkraam in stukjes verbroken en werd een apostel van zijn Here, Jezus Christus. Vanaf dat moment zou hij zelfs zijn eigen leven geven voor de Here.

Dit verlangen om de wet te onderhouden is het diepste binnenste van de Joden en het sterke punt van Gods uitverkoren Israël. Dus, zodra zij Gods echte wil beseffen die vast ligt in de wet, zullen zij in staat zijn om God nog meer lief te hebben, dan andere mensen of rassen en getrouw zijn aan God met hun leven.

Toen God het volk Israël uit Egypte leidde, gaf Hij hen de wetten en de geboden door Mozes, en vertelde hen wat Hij echt wilde dat ze zouden doen. Hij beloofde hen dat wanneer zij God zouden liefhebben, hun harten zouden besnijden en zouden leven overeenkomstig Zijn wil, Hij met hen zou zijn en hen ontzagwekkende zegeningen zou geven.

En wanneer gij u dan tot de HERE, uw God, bekeert en naar zijn stem luistert overeenkomstig alles wat ik u heden gebied, gij en uw kinderen, met geheel uw hart en met geheel uw ziel – dan zal de HERE, uw God, in uw lot een keer brengen en Zich over u erbarmen; Hij zal u weer bijeenbrengen uit al de volken, naar wier

gebied de HERE, uw God, u verstrooid heeft. Al waren
uw verdrevenen aan het einde des hemels, de HERE, uw
God, zal u vandaar bijeenbrengen en vandaar halen;
de HERE, uw God, zal u brengen naar het land, dat uw
vaderen bezeten hebben, gij zult het bezitten en Hij zal
u weldoen en u talrijker maken dan uw vaderen. En de
HERE, uw God, zal uw hart en het hart van uw nakroost
besnijden, zodat gij de HERE, uw God, liefhebt met
geheel uw hart en met geheel uw ziel, opdat gij leeft.
De HERE, uw God, zal al deze vervloekingen op uw
vijanden en uw haters leggen, die u vervolgd hebben.
Gij zult weer naar de stem des HEREN luisteren en
al zijn geboden volbrengen, die ik u heden opleg.
(Deuteronomium 30:2-8)

Terwijl God Zijn uitverkoren volk Israël in deze verzen beloofde, verzamelde Hij Zijn volk, welke verspreid was over de wereld, en liet hen terug gaan naar hun land, na enkele duizenden jaren, en plaatste hen hoog boven enige andere natie van de aarde. Niettegenstaande, heeft Israël toch gefaald om Gods grote liefde te beseffen door de kruisiging en Zijn ontzagwekkende voorziening van schepping en ontwikkeling van de mensheid, maar volgden de daden van het naleven van de wet en de tradities van de oudsten.

De God van liefde verlangt vurig en wacht op hen om hun eigen vervormde geloof te verlaten en te veranderen en om zo snel mogelijk echte kinderen van God te worden. Eerst en vooral moeten zij hun harten openen en aanvaarden dat Jezus die gezonden werd door God als de Redder van de gehele mensheid en zo vergeving voor hun zonden ontvangen.

En vervolgens moeten zij beseffen de echte wil van God die gegeven werd door de wet en om het echte geloof te bezitten door vurig het woord van God te bewaren door hun harten te besnijden zodat ze de volkomen redding kunnen bereiken.

Ik bid ernstig dat Israël het verloren beeld van God zal herstellen door het geloof te bezitten welke God behaagt en Zijn echte kinderen te worden zodat zij kunnen genieten van alle zegeningen die God belooft heeft, en te verblijven in de glorie van de hemelse hemel.

De Dome of the Rock, een Islamitische Moskee in de verloren stad van Jeruzalem

Hoofdstuk 4

WAAK EN LUISTER!

Tegen het einde van de wereld

De Bijbel legt zowel het begin van de geschiedenis van als het einde uit de mensheid aan ons. Gedurende enkele duizenden jaren nu, heeft God ons door de Bijbel verteld over Zijn geschiedenis van de ontwikkeling van de mensheid. De geschiedenis begon met de eerste mens, Adam op aarde, en zal eindigen wanneer de Here voor de tweede maal teurgkomt in de lucht.

Op Gods klok van de geschiedenis van de ontwikkeling van de mensheid, welke tijd is het nu en hoeveel dagen en uren zijn er nog over voordat de klok de laatste momenten van de menselijke ontwikkeling geeft? Laat ons dieper kijken in hoe de God van liefde dit gepland heeft en Zijn wil zal laten geschieden in het leiden van het volk Israël naar het pad van redding.

Vervulling van de profetieën van de Bijbel in de les van de menselijke geschiedenis

Er zijn vele profetieën in de bijbel, en zij allen zijn woorden van de almachtige God, de Schepper. Zoals Jesaja 55:11 zegt: *"Alzo zal mijn woord, dat uit mijn mond uitgaat, ook zijn; het zal niet ledig tot Mij wederkeren, maar het zal doen wat*

Mij behaagt en dat volbrengen, waartoe Ik het zend" Gods woorden zijn tot dusver nauwkeurig vervult en elk woord zal vervuld worden.

De geschiedenis van Israël bevestigt opmerkelijk dat de profetieën van de Bijbel nauwkeurig vervuld zijn zonder ook maar een error. De geschiedenis van Israël is opgenomen overeenkomstig de profetieën die opgetekend zijn in de Bijbel: Israëls 400 jaar van gevangeschap in Egypte, de Exodus; hun intocht in het land van Kanaan, vloeiend van melk en honing; de verdeeldheid van hun koninkrijken in twee delen - Israël en Juda en hun vernietiging; de Babylonische ballingschap; Israëls terugkeer naar huis, de geboorte van de Messias, de kruisiging van de Messias; de vernietiging van Israël en hun verspreiding over alle naties en de herbevestiging van Israël als natie en onafhankelijke Staat.

De geschiedenis van de mensheid onder de beheersing van God de Almachtige, en overal waar Hij iets belangrijks oprichtte, voorspelde Hij aan mannen van God wat er zou gebeuren (Amos 3:7). God voorspelde aan Noach een man die rechtvaardig en onberispelijk was, dat er een grote vloed zou komen die de hele aarde zou vernietigen. Hij zei tot Abraham dat Hij de steden Sodom en Gomora zou vernietigen en Hij liet de profeet Daniel en de Apostel Johannes weten wat er zou gebeuren in de eindtijd van de wereld.

De meeste van deze profetieeën die opgeschreven zijn in de Bijbel, zijn precies zo vervuld, en de profetieën die nog vervuld moeten worden zijn de wederkomst van de Here en nog enkele andere dingen die voorspelt zijn.

Tekenen van de eindtijd

Vandaag de dag, hoe ernstig we ook proberen uit te leggen dat het de eindtijd is, willen vele mensen dat niet geloven. In plaats dat ze het aanvaarden, denken zij dat degene die spreken over de eindtijd vreemd zijn en proberen te mijden om naar hen te moeten luisteren. Ze denken dat de zon opkomt en ondergaat, mensen geboren worden en sterven en dat de ontwikkeling voort zal duren zoals het altijd was in het verleden.

De Bijbel vertelt over deze dingen, betreffende de eindtijd, *"Dit vooral moet gij weten, dat er in de laatste dagen spotters met spotternij zullen komen, die naar hun eigen begeerten wandelen, en zeggen: Waar blijft de belofte van Zijn komst? Want sedert dat onze vaderen ontslapen zijn, blijft alles zo, als het van het begin der schepping af geweest is."* (2 Petrus 3:3-4).

Telkens wanneer een mens geboren wordt, is er ook een tijd voor hem om te sterven. Evenzo, net zoals het een begin had, zal de menselijke geschiedenis ook eindigen. Wanneer de tijd is aangebroken die door God bepaalt is, zullen alle dingen in deze wereld tot een einde komen.

Ten dien tijde zal Michael opstaan, de grote vorst, die de zonen van uw volk terzijde staat; en er zal een tijd van grote benauwdheid zijn, zoals er niet geweest is sinds er volken bestaan, tot op die tijd toe. Maar in die tijd zal uw volk ontkomen:al wie in het boek geschreven wordt bevonden. Velen van hen die slapen in het stof der aarde, zullen ontwaken, dezen tot eeuwig leven en genen tot versmading, tot eeuwig afgrijzen. En de verstandigen zullen stralen als de glans van het uitspansel, en die velen tot gerechtigheid hebben gebracht als de sterren, voor eeuwig en altoos. Maar gij, Daniel, houd de woorden verbrogen, en verzegel het boek tot de eindtijd; velen zullen onderzoek doen, en de kennis zal vermeerderen. (Daniel 12:1-4)

Door de profeet Daniel, profeteerde God datgene wat er zal gebeuren in de eindtijd. Sommige mensen zeggen dat de profetieën gegeven door Daniel al vervuld zijn in het verleden. Maar deze profetie zal op het laatste moment van de menselijke geschiedenis gebeuren, en komt volledig overeen met de tekenen van de laatste dagen van de wereld, die beschreven zijn in het Nieuwe Testament.

Deze profetie van Daniel is volledig verwant met de tweede komst van de Here. Vers 1, *"En er zal een tijd van grote benauwdheid zijn, zoals er niet geweest is sinds er volken bestaan, tot op die tijd toe. Maar in die tijd zal uw volk ontkomen:al wie in het boek geschreven wordt bevonden."* legt ons uit over de zeven jarige grote verdrukking die plaats zal vinden in de eindtijd van de wereld en over de glansrijke redding.

De tweede helft van vers 4, *"Velen zullen onderzoek doen, en de kennis zal vermeerderen."* verklaart het dagelijkse leven dat geleefd wordt door mensen vandaag de dag. Als conclusie, deze profetieën van Daniel verwijzen niet naar de vernietiging van Israël die plaatsvond in het jaar 70 N.C. maar naar de tekenen van de eindtijd.

Jezus sprak tot Zijn disipelen over de tekenen van de eindtijd tot in detail. In Matteus 24: 6-7, 11-12 zegt Hij, *"Ook zult gij horen van oorlogen en van geruchten van oorlogen. Volk zal opstaan tegen volk, en koninkrijk tegen koninkrijk en er zullen nu hier, dan daar hongersnoden en aardbevingen zijn. Vele valse profeten zullen opstaan en velen zullen verleid worden. Omdat de wetsverachting toeneemt zal de liefde van de meesten verkillen."*

Hoe ziet de wereldsituatie er vandaag uit? We horen nieuws van oorlogen en geruchten van oorlogen en terrorisme neemt dag na dag toe. Volken vechten tegen anderen en koninkrijken staan op tegen elkaar. Er zijn vele oorlogen en aardbevingen. Er zijn talloze andere natuurrampen, en rampen die veroorzaakt worden door extreme weerssituaties. Bovendien neemt de wetsverachting toe over de gehele wereld, zonden en boosheden zijn over de gehele wereld verspreid, en de liefde van mensen verkilt.

Hetzelfde staat geschreven in de tweede brief van Timoteus.

Weet wel, dat er in de laatste dagen zware tijden
zullen komen:want de mensen zullen zelfzuchtig zijn,
geldgierig, pochers, vermetel, kwaadsprekers, aan hun
ouders ongehoorzaam, ondankbaar, onheilig, liefdeloos,
trouweloos, lasteraars, onmatig, onhandelbaar, afkerig
van het goede, verraderlijk, roekeloos, opgeblazen,
met meer liefde voor genot dan voor God, die met een
schijn van Godsvrucht de kracht daarvan verloochend
hebben; houd ook dezen op een afstand. (2 Timoteus
3:1-5)

Vandaag de dag, houden mensen niet van goede dingen, maar ze houden van geld en plezier. Ze zoeken hun eigen voordelen en zondigen en doen vreselijke dingen, inclusief moord en brandstichting zonder aarzeling of geweten. Deze dingen vinden te veel plaats, en zovele dingen zoals deze gebeuren rondom ons, dat de harten van mensen toenemend verdoofd worden zelfs tot het punt dat niets meer aankomt als een verrassing voor de meeste mensen. Ziende al deze dingen, kunnen wij niet ontkennen dat de richting van de menselijke geschiedenis ten einde loopt naar de eindtijd.

Zelfs de geschiedenis van Israël wijst op de tekenen van de tweede komst van de Here en de eindtijd van de wereld.

Matteus 24:32-33 zegt, *"Leert dan van de vijgenboom deze les:wanneer zijn hout reeds week wordt en de bladeren doet uitspruiten, weet gij daaraan, dat de zomer nabij is. Zo moet ook gij, wanneer gij dit alles ziet, weten, dat het nabij is, voor de deur."*

De "vijgenboom" verwijst hier naar Israël. Een boom ziet er dood uit, tijdens de winter, maar wanneer de lente komt, ontspruit het opnieuw en groeien de takken en brengen groene bladeren voort. Evenzo, sedert de vernietiging van Israël die plaatsvond in 70 N.C. leek het erop alsof Israël volledig verdwenen was voor ongeveer tweeduizend jaren, maar toen de aangewezen tijd van God daar was, verklaarde het zijn onafhankelijkheid en werd de staat Israël bevestigt op 14 mei 1948.

Wat nog belangrijker is, is dat de onafhankelijkheid van Israël er naar verwijsr dat de tweede komst van Jezus Christus nabij is. Daarom zou Israël moeten beseffen dat de Messias waar ze op wachten, naar de aarde kwam en de Redder van de mensheid werd, tweeduizend jaar geleden, en herinneren dat de Redder Jezus vroeg of laat naar de aarde zal komen om te oordelen.

Wat zal er dan met ons gebeuren die leven in de laatste dagen, overeenkomstig de profetieën van de Bijbel?

De komst van de Here in de lucht en de opname

Ongeveer 2000 jaren geleden, werd Jezus gekruisigd en stond op de derde dag op en verbrak de kracht van de dood, en daarna werd Hij opgenomen in de hemel en vele mensen waren getuige van Zijn opstanding.

Galileese mannen, wat staat gij daar en ziet op naar de hemel? Deze Jezus, die van u opgenomen is naar de hemel, zal op dezelfde wijze wederkomen, als gij Hem ten hemel hebt zien varen. (Handelingen 1:11)

De Here Jezus opende de deur tot redding voor de mensheid door Zijn kruisiging en opstanding, en werd daarna opgenomen in de hemel en zit nu aan de rechterzijde van de troon van God en bereid hemelse verblijfplaatsen voor, voor degene die gered zijn. En wanneer de geschiedenis van de mensheid eindigt, zal Hij opnieuw komen om ons te halen. Zijn Tweede komst staat beschreven in 1 Tessalonicenzen 4:16-17.

Want de Here zelf zal op een teken, bij het roepen van een aartsengel en bij het geklank ener bazuin Gods, nederdalen van de hemel, en zij, die in Christus gestorven zijn, zullen het eerst opstaan; daarna zullen wij levenden, die achterbleven, samen met hen op de wolken in een oogwenk weggevoerd worden, de Here tegemoet in de lucht, en zo zullen wij altijd met de Here wezen.

Wat een majestieuze voorstelling zal dat zijn wanneer de Here nederdaalt van de hemel op de wolken van glorie vergezeld met talloze engelen en de hemelse menigten! Degene die gered waren, zullen een onvergankelijk lichaam krijgen en de Here ontmoeten in de lucht, en dan het zevenjarige bruilofsmaal vieren met de Here, onze eeuwige Bruidegom.

Degene die gered zijn, zullen opgenomen worden in de lucht en de Here ontmoeten, welke genoemd wordt de "opname." Het koninkrijk van de lucht, verwijst naar een deel van de tweede hemel die God heeft voorbereid voor het Zevenjarige bruilofsmaal.

God heeft de geestelijke wereld in verschillende plaatsen onderverdeeld, en een van deze is de tweede hemel. De tweede hemel is onderverdeeld in twee gebieden - Eden welke de wereld van licht is en de wereld der duisternis. In een deel van de wereld van licht is een speciale plaats voorbereid voor het zevenjarige bruiloftsmaal.

De mensen die zich hebben toegerust met geloof om redding ten volle te bereiken in deze wereld vol van zonde en boosheid, zullen opgenomen worden in de lucht als de bruiden van de Here, en dan de Here ontmoeten en zich verheugen tijdens het bruiloftsmaal daar gedurende zeven jaren.

Laten wij blijde zijn en vreugde bedrijven en Hem de eer geven, want de bruilof des Lams is gekomen en zijn vrouw heeft zich gereedgemaakt; en haar is gegeven zich met blinkend en smetteloos fijn linnen te kleden, want dit fijne linnen zijn de rechtvaardige daden der heiligen. En Hij zeide tot mij: Schrijf, zalig zij, die

genodigd zijn tot het bruiloftsmaal des Lams. En Hij
zeide tot mij Dis zijn de waarachtige woorden van God.
(Openbaring 19:7-9)

Degene die opgenomen worden in de lucht zullen vertroost worden, van datgene wat zij overwonnen hebben in de wereld door geloof, tijdens het Bruiloftsmaal met de Here, terwijl degene die niet opgenomen werden, onbeschrijfelijk veel zullen lijden in de verdrukking door de boze geesten die verdreven werden naar de aarde tijdens de wederkomst van de Here in de lucht.

De zeven jaren van Grote verdrukking

Terwijl degene die gered zijn genieten van het zevenjarige bruiloftsmaal, in de lucht en dromen van een eeuwige en gelukkige hemel, zal de ergste verdrukking die ooit plaats heeft gevonden in de geschiedenis van de mensheid op de aarde, gebeuren en het zal de gehele wereld overspoelen en vreselijke dingen zullen gebeuren.

Hoe zal de Zevenjarige grote verdrukking beginnen? Daar onze Here in de lucht komt en zovele mensen opgenomen zullen worden in een keer, zullen degene die op aarde achterblijven, zo verstrikt raken in paniek en geschockeerd zijn door de verdwijning van hun familie, vrienden en buren, en ze zullen naar hen zoeken.

ISRAEL WORDT WAKKER

Spoedig zullen ze ontdekken dat de Opname, waar de christenen over spraken echt plaats heeft gevonden. Ze zullen zich verschrikkelijk voelen, als ze denken aan de zeven jaren van grote verdrukking die over hen zullen komen. Ze zullen overweldigd worden door wanhoop en grote paniek. En wanneer piloten van vliegtuigen, schepen, treinen, auto's en andere voertuigen opgenomen worden in de lucht, zullen er veel verkeersongevallen gebeuren, en brand, en gebouwen zullen in storten, en dan zal de wereld gevuld zijn met chaos en grote wanorde.

Op dat momen zal een persoon verschijnen en vrede brengen en orde brengen in de wereld. Hij is de heerser van de Europese Unie, Hij zal de politieke, economische machten en militaire organisaties verzamelen en met de verenigde macht, zal hij de wereld terug tot orde brengen en vrede brengen en de gemeenschappen stabiliseren. Dat is de reden waarom de mensen zich zullen verheugen, wanneer hij verschijnt op het podium van de wereld. Velen zullen hem enthousiast verwelkomen, hem loyaal ondersteunen en hem actief helpen.

Hij zal de antichrist zijn waar de Bijbel over vertelt en hij zal de zevenjarige grote verdrukking leiden, maar gedurende een korte periode zal hij verschijnen als een "boodschapper van vrede". In werkelijkheid zal de antichrist tijdens de eerste periode van de zevenjarige grote verdrukking vrede en orde brengen. Het hulpmiddel welke hij zal gebruiken om wereldevrede te verkrijgen, is het teken van het beest, 666, opgenomen in de

Bijbel.

En het maakt, dat aan allen, de kleinen en de groten,
de rijken en de armen, de vrijen en de slaven, een
merkteken gegeven wordt op hun rechterhand of op hun
voorhoofd, en dat niemand kan kopen of verkopen, dan
wie het merkteken, de naam van het beest, of het getal
van zijn naam heeft. Hier is de wijsheid, wie verstand
heeft, berekene het getal van het beest, want het is
een getal van een mens, en zijn getal is zeshonderd
zesenzestig. (Openbaring 13:16-18)

Wat is het teken van het beest?

Het beest verwijst naar een computer. De Europese Unie
(EU) zal een organisatie opstellen door voordeel te nemen van
de computer. Door de computers van de EU zal iedereen een
barcode krijgen, op de rechterhand of op het voorhoofd. De
barcode is het teken van het beest. Allerlei soorten persoonlijke
informatie zal in deze barcode zitten, en de barcode zal in zijn/
haar lichaam geplant worden. Met deze ingeplantte barcode, zal
de computer van de EU in staat zijn om iedereen tot in detail te
monitoren, bekijken, inspecteren en te beheersen en tot in detail
alles kunnen zien, waar hij ook is en wat hij ook doet.

Onze eigentijdse creditcards en paspoorten zullen vervangen
worden door het teken van het beest, "666". Dan zullen mensen

geen cash geld meer nodig hebben of cheques. Ze zullen zich niet langer zorgen hoeven te maken over het verliezen van hun bezittingen of het beroofd worden van hun geld. Dit sterke punt van het teken van het beest "666" zal zich in een zeer korte tijd verspreiden over de gehele wereld, en zonder dit teken, zal er zich niemand meer kunnen identificeren, maar hij zal ook niet kunnen kopen noch verkopen.

Vanaf het begin van de Zevenjarige Grote verdrukking zullen mensen het teken van het beest ontvangen, maar zij zullen niet gedwongen worden om het te ontvangen. Ze zullen aangemoedigd worden om het te nemen, totdat de organisatie van de EU het standvastig heeft bevestigd. Zodra de eerste helft van de zevenjarige grote verdrukking voorbij zijn, en de organisatie stabiel is, zal de EU iedereen dwingen om het teken te nemen en zullen degene die het weigeren te aanvaarden niet vergeven. Dus zal de EU de mensen binden door het teken van het beest en hen leiden zoals zij het willen.

Aan het einde van de zevenjarige Grote verdrukking zullen de meeste mensen vastzitten onder de controle van de antichrist en de regering van het beest. Omdat deze antichrist beheerst wordt door de vijand duivel, zal de EU ervoor zorgen dat de mensen opstaan tegen God en hen leiden op het pad van de boze, ongerechtigheid, zonden en vernietiging.

Trouwens, sommige mensen zullen zich niet onderwerpen aan de regering van de antichrist. Dat zijn degene die gelooft hebben in Jezus Christus, maar niet opgenomen werden in de hemel, tijdens de wederkomst van de Here, omdat zij geen echt geloof hadden.

Sommigen van hen hadden eens de Here aangenomen en leefden in de genade van God, maar verloren later de genade en keerden terug naar de wereld, en weer anderen deden alsof ze in Christus geloofden en gingen naar de kerk, maar leefden in het wereldse genot, omdat ze er niet in slaagden om echt geestelijk geloof te hebben. Er zijn weer anderen die net de Here Jezus Christus aangenomen hebben en sommige Joden worden wakker van hun geestelijke slaap door de opname.

Wanneer zij getuigen zijn van de werkelijkheid van de Opname, zullen zij beseffen dat alle woorden van zowel het Oude als het Nieuwe Testament echt waren, en zij zullen weeklagend op de grond slaan. Zullen bevangen worden door grote angst, zich bekeren van het niet leven naar Gods wil en proberen een weg te vinden tot het ontvangen van redding.

En een andere engel, een derde, volgde hen, zeggende met luider stem:Indien iemand het beest en zijn beeld aanbidt en het merkteken op zijn voorhoofd of op zijn hand ontvangt, die zal ook drinken van de wijn van Gods gramschap, die ongemengd is toebereid in de beker van zijn toorn; en hij zal gepijnigd worden met vuur en zwavel ten aanschouwen van de heilige engelen en van het Lam. En de rook van hun pijniging stijgt op in alle eeuwigheden, en zij hebben geen rust, dag en nacht, die het beest en zijn beeld aanbidden, en al

wie het merkteken van zijn naam ontvangt. Hier blijkt
de volharding der heiligen, die de geboden Gods en het
geloof in Jezus bewaren. (Openbaring 14:9-12)

Wanneer iemand het teken van het beest ontvangt, wordt hij gedwongen om gehoorzaam te zijn aan de antichrist die God lastert. Dat is de reden waarom de Bijbel de nadruk erop legt dat een ieder die het teken van het beest aanneemt, geen redding kan ontvangen. Tijdens de Grote Verdrukking zullen degene die dit feit weten, standhouden om het teken van het beest niet te ontvangen en dat zal het bewijs zijn van hun echte geloof.

De identiteit van de antichrist zal duidelijk geopenbaard worden. Hij zal degene die opstaan tegen zijn politiek en weigeren om het teken te aanvaarden, onderbrengen als onreine elementen van de gemeenschap, en hen achtervolgen voor het verbreken van de sociale vrede van de gemeenschap. En hij zal hen dwingen om Jezus Christus te vervolgen en het teken van het beest te ontvangen. Als ze tegenwerken, zullen ze vreselijk vervolgd worden en martelaarschap zal volgen.

Redding ontvangen door martelarenschap, door het teken van het beest niet aan te nemen

De folteringen voor degene die weigeren om het teken van het beest te ontvangen tijdens de zevenjarige grote verdrukking, zullen onvoorstelbaar ernstig zijn. De folteringen zijn veel te groot om het te doorstaan, dus er zullen maar enkelen zijn die in staat zijn om het te overwinnen om toch nog een laatste kans op redding te verkrijgen. Sommigen zullen zeggen, "Ik verlaat mijn geloof in God niet. Ik geloof nog steeds in Hem. De folteringen zijn gewoon te veel, dat ik de Here enkel ga verloochenen met mijn mond. God zal het begrijpen en mij redden" en dan het teken van het beest ontvangen. Maar hun redding kan in het geheel niet gegeven worden.

Enkele jaren geleden, terwijl ik aan het bidden was, toonde God mij in een visioen hoe sommigen die in de grote verdrukking waren weigerden om het teken van het beest te ontvangen en gefolterd werden. Het was echt verschrikkelijk.! De folteraars ontvelden, braken alle beenderen van het lichaam in stukken, sneden vingers, tenen, armen en benen af, en goten kokende olie over hun lichamen.

Tijdens de Tweede Wereldoorlog, vonden er vreselijke afslachting plaats en folteringen, en ze probeerden medische experimenten op levende lichamen. De folteringen stellen niets voor bij de martelingen van de Zevenjarige Grote Verdrukking. Na de opname zal de antichrist, die een is met de vijand duivel over de wereld heersen en hij zal geen genade of bewogenheid hebben, voor niemand.

De vijand duivel en de machten van de antichrist zullen de mensen achtervolgen om Jezus te verloochenen, op elke mogelijke manier, om ze toch in de hel te krijgen. Ze zullen de gelovigen folteren, maar hen niet onmiddellijk doden, met zeer professionele middelen van foltering, met allerlei wrede methodes. Allerlei soorten foltermethodes en up to date verzonnen folteringen zullen gebruikt worden om de gelovigen te brengen tot uiterste paniek en pijnen. Maar enkel de vreselijke folteringen zullen voort duren.

De mensen die gefolterd worden, zullen wensen dat ze spoedig vermoord worden, maar ze kunnen er niet voor kiezen om te sterven, omdat de antichrist hen niet gemakkelijk zal doden, en ze weten dat zelfmoord ook niet tot redding leidt.

In het visioen toonde God mij dat de meeste mensen de pijnen van de folteringen niet konden doorstaan en zich overgaven aan de antichrist. Sommige van hen leken het te verdragen en overwonnen de folteringen met een sterke wil, maar toen ze zagen dat hun geliefde kinderen of ouders gefolterd werden op gelijke wijze, konden ze het niet meer weerstaan en gaven zich toch over aan de antichrist en ontvingen het teken van het beest.

Onder de gefolterde mensen, zullen enkel oprechte en degene met waarachtige harten deze vreselijke folteringen overwinnen en deze angstaanjagende verleidingen van de antichrist, en sterven als martelaren. Dus, degene die hun geloof behouden door martelarenschap, tijdens de Grote Verdrukking, kunnen deel nemen aan de redding.

De weg tot redding van de komende verdrukking

Toen de Tweede Wereldoorlog uitbrak, de Joden, die een vredevol leven hadden in Duitsland, hadden nooit zo'n verschrikkelijke bloedbad verwacht als de slachting van 6 miljoen mensen die op hen wachtte. Niemand wist of kon voorzien dat het Duitsland dat hen had voorzien van vrede en enige stabiliteit had gegeven zo snel kon veranderen in een boze macht, en dat in zo'n korte periode.

In die tijd, niet wetende wat er zou gebeuren, waren de joden hulpeloos en konden niets doen om het grote lijden te vermijden. God wil dat Zijn verkozen volk, in staat zal zijn om aan de komende ramp van de nabije toekomst te ontkomen. Dat is de reden waarom God het einde van de wereld heeft opgenomen in de Bijbel en de mannen van God Israël liet waarschuwen voor de komende verdrukking en hen wakker te maken.

Het belangrijkste ding voor Israël is om te weten dat deze ramp van de verdrukking niet vermeden kan worden. En in plaats van eraan te ontkomen, zal Israël gevangen zijn te midden van deze grote Verdrukking. Ik wil dat je beseft dat deze grote verdrukking zeer spoedig zal beginnen en het zal over je komen als een dief als je jezelf niet voorbereid. Je zal wakker moeten worden uit je geestelijke slaap als je wilt ontsnappen aan deze verschrikkelijke ramp.

Nu op dit moment is het tijd dat Israël wakker wordt! Ze

moeten zich bekeren van het niet erkennen van de Messias, en Jezus Christus aannemen als de Redder van de mensheid, en het echte geloof bezitten welke God wil dat zij hebben zodat ze vreugdevol opgenomen worden wanneer de Here komt in de lucht.

Ik spoor je aan om in gedachten te bewaren dat de antichrist zal verschijnen als een boodschapper van vrede, net zoals Duitsland dat deed gedurende een korte periode voor de Tweede Wereldoorlog. Hij zal vrede en troost geven, maar spoedig zal hij onverwachts veranderen, de antichrist zal de grote macht worden, een macht die groeit in kracht in een tijd zoals deze, en hij zal leed en rampen brengen zoals nooit te voren.

Tien tenen

De Bijbel bevat vele profetische gedeelten die in de toekomst zullen plaatsvinden. Vooral wanneer wij kijken naar de profetieën die opgenomen zijn in de boeken van de grote profeten van het Oude-Testament, zij vertellen ons niet alleen over de toekomst van Israël maar ook over de toekomst van de wereld. Wat is de reden daarvan denk je? Gods uitverkoren volk Israël is altijd geweest, is nu en zal altijd het middelpunt van de geschiedenis van de mensheid blijven.

Het grote beeld wat beschreven staat in de profetie van Daniel

Het boek van Daniel profeteert niet alleen over de toekomst van Israël, maar ook over wat zal gebeuren in de wereld, in de laatste dagen tot relatie met het einde van Israël. In het boek Daniel 2:31-33, legt Daniel de droom van Koning Nebukadnessar uit, door de inspiratie van God, en de uitleg was een profetie over wat er met de wereld zal gebeuren in de eindtijd.

Gij, o koning, had een gezicht, en zie, er was een

groot beeld! Dit beeld was hoog en de glans ervan was buitengewoon; het stond voor u, en de aanblik was schrikwekkend. Het hoofd van dat beeld was van gedegen goud, zijn borst en armen waren van zilver, zijn buik en lendenen van koper en zijn benen van ijzer, zijn voeten deels van ijzer deels van leem. (Daniel 2:31-33)

Waarover profeteren deze verzen dan over de wereldsituatie van de laatste dagen?

"Het grote beeld" dat koning Nebukadnessar zag in zijn droom was niets anders dan de Europese Unie. Vandaag de dag wordt de wereld beheerst door twee machten—de Verenigde Naties van Amerika en de Europese Unie. Natuurlijk kunnen de invloeden van Rusland en China niet worden ontkend. Maar, de Verenigde Naties van Amerika en de Europese Unie zullen toch de meest invloedrijke machten van de wereld zijn met betrekking tot economische en militaire kracht.

Op dit moment, lijkt de EU een beetje zwak, maar het zal toenemend uitbereiden. Vanadaag de dag, twijfelt daar niemand meer aan. Tot nu toe, was de USA de overheersende Natie in de wereld, maar beetje bij beetje zal de EU gaan overheersen over de wereld, meer dan de USA.

Enkele tientallen jaren geleden, kon niemand zich voorstellen dat de landen van Europa zich zouden verenigen tot een regeringssysteem. Natuurlijk hebben de landen van Europa gedurende een lange periode gediscuciëerd, maar niemand was er zeker van of ze de grenzen van nationale identiteit, taal, munteenheid konden overbruggen, om een verenigd lichaam te vormen.

Maar beginnend in de laatste jaren van 1980, begonnen de leiders van de Europese landen daar ernstig over de discusieren eenvoudigweg vanwege economische zaken. Tijdens de Koude Oorlog, was de hoofdmacht om de beheersing over de wereld te krijgen militaire kracht, maar sinds de Koude Oorlog is dat niet meer zo, en is de hoofdkracht van militaire macht veranderd in economische kracht.

Om zich hierop voor te bereiden, hebben de Europese landen geprobeerd om zich te verenigen en als gevolg, zijn ze een economische eenheid geworden. Nu is er nog een ding wat moet gebeuren, en dat is politieke vereniging, de landen samen brengen in een politiek systeem, en de situatie nu moedigt dit aan.

"Dit beeld was hoog en de glans ervan was buitengewoon; en de aanblik ervan was schrikwekkend." waarvan Daniel 2:31 spreekt, profeteert over de groei en de activiteit van de Europese Unie. Het vertelt ons hoe sterk en machtig de Europese Unie zal worden.

De EU zal grote kracht bezitten

Hoe zal de EU in staat zijn om grote kracht te bezitten? Daniel 2:32 en verder geeft ons het antwoord en legt ons uit waarvan het hoofd, de borst, armen, buik, heupen, benen en voeten gemaakt zijn.

Ten eerste, vers 32 zegt, *"Het hoofd van het beeld was van gedegen goud."* Dit voorspelt dat de EU economisch zal toenemen en enonomische kracht krijgt door de ophoping van rijkdom. Zoals hier geprofeteerd werd, zal de EU uitmunten, en veel verkrijgen door de economische eenheid.

Ten tweede, zegt hetzelfde vers, "zijn borst en armen waren van zilver." Dat symboliseert dat de EU sociaal, cultureel en politiek verenigd zal zijn. Wanneer een sterke president verkozen wordt om de EU te vertegenwoordigen, zal het uiterlijk politieke eenheid bereiken, en volledig een worden in sociale en culturele aspecten. In het maken van een onvolledige eenheid zal elk lid echter zijn eigen economische voordeel zoeken.

Vervolgens zegt het, "zijn buik en en lendenen waren van koper." Dit symobliseert dat de EU miltaire eenheid zal bereiken. Elk land van de EU wil economische kracht bezitten. Deze militaire eenheid zal het fundament zijn voor het doel van economische voordelen, welke het uiteindelijke doel is. Om deel te nemen aan deze aangrijpende macht, om de wereld te regeren door economische macht, zal er geen andere keuze zijn dan een te worden op het sociale, culturele, politieke en militaire gebied.

Als laatste, zegt het, "zijn benen zijn van ijzer." Dat verwijst naar een ander standvastig fundament om de EU te versterken en te ondersteunen, door religieuze eenheid. In het vroege stadium, zal de EU het Katholicisme verklaren als de staatsreligie. Het Katholicisme zal sterkte verkrijgen en een mechanisme worden van ondersteuning om de EU te versterken en te handhaven.

De geestelijke betekenis van de tien tenen

Wanneer de EU voorspoedig is in het verenigen van vele landen in hun encomie, politiek, gemeenschap, cultuur, leger en religieuze gebieden van invloed, zal het voortvloeien in zijn eenheid en kracht, maar beetje bij beetje zullen ze tekenen van oneenheid en scheiding beginnen te ervaren.

In het vroege begin van de EU, zullen de landen van de EU zich verenigen omdat ze aan elkaar bewilligen voor de onderlinge economische voordelen. Maar wanneer de tijd verstrijkt, zullen er sociale, culturele, politieke en ideologische verschillen en oneenheid ontstaan onder hen. Dan zullen er verschillende tekenen van oneenheid verschijnen. Uiteindelijk zullen de religieuze conflicten, tot een open conflict worden tussen het Katholicisme en Protestantisme.

Daniel 2:33 zegt, *"...zijn voeten zijn deels van ijzer, deels van leem."* Dat betekent dat sommige van de tien tenen gemaakt zijn van ijzer, en de anderen van leem. De tien tenen verwijzen niet naar de "10 landen van de EU". Ze verwijzen naar de "vijf vertegenwoordigende landen die geloven in het Katholicisme en de vijf anderen vertegenwoordigen de landen die geloven in het Protestantisme."

Net zoals ijzer en leem niet gemengd of gecombineerd kunnen worden, kunnen de landen waarin het Katholicisme overheerst en degene waarin het Protestantisme overheerst, volledig verenigd worden, degene die overheersen en degene die dominerend zijn kunnen niet gemengd worden.

Terwijl de tekenen van onenigheid toenemen in de EU, zullen ze het toenemend van belang vinden om de landen te verenigen in religie en het katholicisme zal meer en meer macht verkrijgen in meer plaatsen.

Dus, omwille van economische voordeel, zal de Europese Unie in de laatste dagen gevormd worden, en dan zullen ze opstaan met enorme kracht. Later zal de EU zich ook verenigen in zijn religie als katholiek en de eenheid van de EU zal zelfs nog sterker worden, en uiteindelijk zal de EU als een afgod worden.

Afgoden zijn voorwerpen om aanbeden en verheerlijkt te worden door mensen. Zo zal de EU de wereld leiden tot grote kracht, en regeren over de wereld als een krachtige afgod.

De derde wereldoorlog en de Europese Unie

Zoals hierboven vermeld, wanneer de Here komt in de lucht aan het einde van de wereld, zullen talloze gelovigen opgenomen worden in de lucht, gelijktijdig, en zal er een enorme chaos op de aarde zijn. In tussen tijd zal de EU de macht en overheersing nemen over de wereld in naam van het behouden van vrede en orde, voor de gehele wereld, voor een korte periode, maar later zal de EU de Here lasteren en de wereld leiden in de Zevenjarige Grote Verdrukking.

Later zullen de leden van de EU zich scheiden omdat ze uiteindelijk allemaal hun eigen voordelen zoeken. Dit alles zal gebeuren in het midden van de Zevenjarige Grote Verdrukking, zoals geprofeteerd werd in het boek van Daniel in hoofdstuk 12, zal het gebeuren overeenkomstig de stroom van de geschiedenis van Israël en de geschiedenis van de wereld.

Net nadat de zevenjarige Grote verdrukking zal beginnen, zal de EU enorm toenemen in kracht en sterkte. Ze zullen een sterke president aanstellen over de gehele Unie. Dat zal gebeuren net nadat degene die Jezus Christus hebben aangenomen als de Redder en het recht ontvangen hebben om kinderen van God te worden, in een ogenblik veranderd worden en opgenomen worden in de hemel tijdens de wederkomst van de Here in de lucht.

De meeste Joden die Jezus niet aangenomen hebben als Redder zullen op de aarde blijven en lijden tijdens de zevenjarige Grote Verdrukking. De ellende en terror van de Grote verdrukking zal zo enorm zijn, dat het niet te beschrijven is. De aarde zal vol zijn van de meest hartbrekende dingen zoals oorlogen, moorden, executies, hongersnoden, en rampen die erger zijn dan ooit in de geschiedenis van de mensheid geweest zijn.

Het begin van de Zevenjarige Grote Verdrukking zal gesignaleerd worden in Israël door een oorlog die zal uitbreken tussen Israël en het Midden Oosten. Buitengewone spanningen zullen blijven tussen Israel en de rest van de Midden Oosterse landen ende onenigheden over de grenzen zullen nooit opgelost worden. In de toekomst zullen deze onenigheden alleen maar toenemen. Een ernstige oorlog zal uitbreken omdat de wereldmachten zich zullen mengen met de oliezaken.

De Verenigde Staten die een traditionele bondgenoot van Israel was, gedurende een hele lange tijd, zal Israël ondersteunen. De Europese Unie, China en Rusland, die tegen de US zijn, zullen bondgenoten met het Midden Oosten zijn en dan zal de Derde Wereldoorlog uitbreken tussen beide partijen.

De Derde Wereldoorlog zal totaal verschillend zijn van de Tweede Wereldoorlog, wat betreft de grote. Tijdens de Tweede Wereldoorlog werden meer dan 50 miljoen mensen vermoord, of stierven als gevolg van de oorlog. De kracht nu van de moderne wapens inclusief de nucliaire bommen, chemische en biologische wapens en vele anderen kunnen niet vergeleken worden met die van de Tweede Wereldoorlog, en de gevolgen van hun gebruik is niet te beschrijven.

Allerlei wapens inclusief nucliaire bommen en up to date wapens, die ontwikkelt zijn zullen genadeloos gebruikt worden, en onbeschrijfelijke vernietiging en afslachtingen zullen volgen.

De landen die de oorlog hebben aangestoken zullen volledig vernietigd worden en uitgeput raken. Dat zal niet het einde van de oorlog zijn. De Nucliaire ontploffingen zullen gevolgd worden door radioactiviteit, en radioactieve vergiftigingen en enorme klimaatsveranderen en rampen zullen de gehele aarde bedekken. Als gevolg, zal de gehele aarde alsook alle landen die deelnamen aan de oorlog een hel op aarde zijn.

In de helft, zullen ze stoppen met de aanvallen met nucliaire wapens, omdat wanneer de nucliaire wapens nog meer gebruikt zouden worden, het het bestaan van de mensheid zou bedreigen. Maar alle andere wapens en de grote aantallen van de legers zullen de oorlog versnellen. De US, China en Rusland zullen niet in staat zijn om te herstellen.

De meeste landen van de wereld zullen instorten, maar de EU zal ontkomen aan de meest vernietigende ramp. De EU belooft China en Rusland te ondersteunen, maar tijdens de oorlog, zal de EU niet actief deelnemen aan de gevechten zodat het niet zoveel verlies zal lijden als de anderen.

Wanneer vele wereldmachten, inclusief de USA, zoveel verlies lijden en de macht als een wervelwind verliezen door de onvoorspelde oorlog, zal de EU de meest krachtige nationale Alliantie worden en over de wereld heersen. Eerst zal de EU toekijken naar de voortgang van de oorlog en wanneer de andere landen volledig vernietigd zijn, zowel economisch als militair, zal de EU opstaan en de oorlog beginnen op te lossen. De andere landen zullen geen andere keuze hebben dan de beslissingen van de EU te volgen, omdat zij alle macht verloren hebben.

Vanaf dat moment, zal de tweede helft van de Zevenjarige Grote verdrukking beginnen, en gedurende de daarop drie en half jaar, zal de antichrist, die de heerser van de EU is, de gehele wereld beheersen en zichzelf heilig verklaren. En de antichrist zal al degene die tegen hem op staan folteren en vervolgen.

De ware natuur geopenbaard van de antichrist

In het vroege stadium van wereld oorlog III, zullen verschillende landen grote verliezen lijden door de oorlog en de EU zal economische ondersteuning beloven aan China en Rusland. Israël zal geofferd worden als een centraal richtpunt van de oorlog en op dat moment zal de EU beloven om een heilige tempel te bouwen voor God, waar Israël al zolang op wacht. Met deze verzoening door de EU zal Israël dromen van een opwekking van glorie waarvan zij genoten hebben van de zegeningen van God, heel lang geleden. Als gevolg zullen ook zij verenigd worden met de EU.

Door zijn ondersteuning van Israël zal de president van de EU beschouwd worden als de redder van de Joden. De verlengde oorlog in het Midden Oosten zal tot een einde lijken te komen, en zij zullen beginnen het Heilige land te herbouwen en de heilige tempel van God te bouwen. Ze zullen geloven dat de Messias en hun Koning, waar zij zo lang op gewacht hebben, eindelijk gekomen is en Israël volledig herstelt en hen verheerlijkt.

Maar hun verwachtingen en vreugde zullen spoedig ten val komen. Wanneer de heilige tempel van God herbouwt is in Jeruzalem, zal er iets onverwachts gebeuren. Dit is geprofeteerd in het boek van Daniel.

En hij zal het verbond voor velen zwaar maken, een week lang; in de helft van de week zal hij slachtoffer en spijsoffer doen ophouden; en op een vleugel van gruwelen zal een verwoester komen, en wel tot aan de voleinding toe, en waartoe vast besloten is, dat zal zich uitstorten over wat woest is. (Daniel 9:27)

Dan zullen strijdmachten door hem op de been gebracht worden; zij zullen het heiligdom, de vesting, ontheiligen, het dagelijks offer doen ophouden en een gruwel oprichten, die verwoesting brengt. (Daniel 11:31)

En van de tijd af dat het dagelijks offer wordt gestaakt en een gruwel wordt opgericht, die verwoesting brengt, zijn het duizend tweehonderd en negentig dagen. (Daniel 12:11)

Deze drie verzen verwijzen allemaal naar een enkele gebeurtenis, die zij gemeen hebben. Dit is het wat er zal gebeuren in de eindtijd, en Jezus sprak over de eindtijd met dit vers.

Hij zei in Matteus 24:15-16, *"Wanneer gij dan de gruwel*

der verwoesting, waarvan door de profeet Daniël gesproken is,
op de heilige plaats ziet staan – wie het leest, geve er acht op –
laten dan wie in Judea zijn, vluchten naar de bergen."

Eerst zullen de Joden geloven dat de EU de heilige tempel
van God herstelt heeft in het Heilige Land, welke zij als heilig
beschouwen, maar wanneer de gruwel in de heilige plaats
gebeurt, zullen ze geshockeerd zijn en beseffen dat hun geloof
weer verkeerd was. Ze zullen opmerken dat ze hun ogen hebben
afgekeerd van Jezus Christus en dat Hij hun Messias is en de
Redder van de mensheid.

Dat is de enige reden, waarom Israël nu moet ontwaken.
Tenzij Israël nu wakker wordt, zullen zij niet in staat zijn om de
waarheid op het juiste ogenblik te beseffen. Israël zal de waarheid
veel te laat ontdekken, en het zal dus onvermijdelijk zijn.

Dus ik wens ijverig voor Israël dat ze wakker worden zodat
ze niet in de verzoekingen van de antichrist vallen en het teken
van het beest aannemen. Wanneer u misleidt bent door de
aangename en verleidende woorden van de antichrist, die u vrede
en voorspoed belooft en het teken van het beest "666" ontvangt,
zal je onherroepelijk vallen op het pad tot onvermijdelijke en
eeuwige dood.

Wat nog zieliger is, is dat vele Joden het pas zullen beseffen,
wanneer de identiteit van het beest geopenbaard wordt, dat de
focus van hun geloof verkeerd was, zoals geprofeteerd staat in
Daniel. Door dit boek, hoop ik dat u de Messias zult aanvaarden

die al gezonden is door God en zo zal voorkomen dat u valt in de zevenjarige grote verdrukking.

Daarom, zoals ik al verteld heb hierboven, moet je Jezus Christus aannemen en moet je een geloof bezitten die aanneembaar is in de ogen van God. Het is de enige manier om in staat te zijn om te ontsnappen aan de zevenjarige Grote Verdrukking.

Wat erg is het om de opname naar de hemel te missen en achter te blijven op de aarde met de Tweede komst van de Here! Maar gelukkig zal er nog een laatste kans zijn om redding te ontvangen.

Ik smeek ijverig dat u onmiddellijk Jezus Christus aanneemt, om te leven in de gemeenschap met broeders en zusters in Christus. Maar zelfs nu is het nog niet te laat om te leren in de Bijbel, en door dit boek over hoe je je geloof kan behouden in de komende grote verdrukking en een weg vinden die God bereid heeft als laatste gelegenheid voor je redding, en om geleid te worden naar het ware pad.

Gods onfeilbare liefde

God heeft Zijn voorziening voor de menselijke redding vervuld door Jezus Christus, en ongeacht de ras en natie, iedereen die Jezus aanneemt als zijn Redder en de wil van God doet, heeft God tot Zijn kind gemaakt en hem toegestaan om te genieten van het eeuwige leven.

Maar wat is er gebeurt met Israël en zijn volk? Velen hebben Jezus Christus niet aangenomen en blijven ver weg van het pad van redding. Wat jammer is het dat zij zullen falen in het beseffen van de weg van redding door Jezus Christus zelfs totdat de Here terugkomt in de lucht en de geredde kinderen van God zal opnemen van de aarde in de lucht!

Wat zal er dan gebeuren met Gods uitverkoren Israël? Zullen zij buitengesloten worden van de parade van Gods kinderen? De God van liefde heeft Zijn verbazingwekkende plan voorbereid voor Israël tot het laatste moment van de geschiedenis van de mensheid.

God is geen man, dat Hij liegen zou; of een mensenkind, dat Hij berouw zou hebben. Zou Hij zeggen en niet doen, of spreken en niet volbrengen? (Numeri 23:19)

Wat is de laatste voorzienigheid die God voorbereid heeft voor Israël in de eindtijd? God heeft het pad tot "gezamelijke redding" voorbereid voor Zijn uitverkorenen Israël, zodat zij ook mogen binnengaan tot redding door te realiseren dat de Jezus die zij gekruisigd hebben de echte Messias is, waar ze zo lang op gewacht hebben, en zich volledig bekeren van hun zonden voor God.

Moeizame redding

Tijdens de zevenjarige grote verdrukking, omdat zij getuigen geweest zijn van de vele mensen die opgenomen zijn in de hemel, en de waarheid hebben erkent, zullen sommige mensen die achterblijven op aarde gaan geloven en in hun harten het feit aannemen dat de hemel en de hel echt bestaan, God leeft en Jezus Christus onze enige Redder is. Bovendien, zullen zij proberen om het teken van het beest niet aan te nemen. Na de opname, zullen zij in zichzelf veranderd worden, het woord van God lezen, wat opgeschreven staat in de Bijbel, samen komen en aanbiddingssamenkomsten hebben en proberen te leven door het woord van God.

In het begin van de Grote Verdrukking, zullen vele mensen nog in staat zijn om religieus te leven en zelfs om te evangeliseren tot anderen, omdat er nog geen georganiseerde vervolging is. Zij zullen het teken van het beest niet ontvangen en hun best doen om een waardig leven te leven om redding te verkrijgen, zelfs tijdens de Grote Verdrukking. Maar het zal echt heel moeilijk zijn om hun geloof vast te houden, omdat de Heilige Geest de wereld verlaten heeft.

Velen van hen zullen vele tranen huilen, omdat ze niemand hebben die hun aanbiddingsdiensten kan leiden en hen kan helpen om toe te nemen in hun geloof. Ze zullen hun geloof moeten behouden zonder de bescherming en kracht van God. Ze zullen rouwen omdat ze spijt zullen hebben dat ze de onderwijzingen van het woord van God niet gevolgd hebben, ondanks dat ze het advies gekregen hadden om Jezus Christus aan te nemen en getrouw te leven in geloof. Ze zullen hun geloof moeten behouden onder allerlei soorten beproevingen en vervolgingen in deze wereld waarin het moeilijk is om het echte woord van God te vinden.

Sommigen van hen zullen zichzelf verbergen in diepe bergopeningen, om het teken van het beest, 666, niet te moeten aannemen. Ze zullen moeten zoeken naar wortelen van planten en bomen en dieren moeten doden als voedsel, omdat ze niets kunnen kopen of verkopen om voedsel te verkrijgen zonder het teken van het beest. Maar tijdens de tweede helft van de Grote Verdrukking, gedurende drie en half jaar, zal het leger van de antichrist nauwkeurig en aandachtig zoeken naar de gelovigen. Het zal niet uitmaken in welke berg zij zich verbergen, ze zullen ontdekt worden en weggevoerd worden door het leger.

De regering van het beest zal degene oppakken die het teken van het beest niet aannemen en hen dwingen om de

Here te verloochenen en het teken aan te nemen onder ernstige folteringen.Uiteindelijk zullen velen zich overgeven en geen andere keuze hebben dan het teken aan te nemen, omdat ze de pijn en horror van de folteringen niet meer aankunnen.

Het leger zal hen naakt tegen een muur hangen en hun lichamen doorsteken met een mes. Ze zullen het gehele lichaam van hoofd tot voetzool ontvellen. Ze zullen hun kinderen voor hun ogen folteren. De folteringen die het leger zullen toedienen op hen zijn buitengewoon wreed, zodat het echt heel moeilijk voor hen zal zijn om de martelarendood te sterven.

Dat is de reden waarom slechts enkelen alle folteringen zullen doorstaan door hun sterke wil, en zo de beperkingen van menselijke kracht kunnen overbruggen en sterven als martelaren om redding te ontvangen en de hemel te bereiken. Dus, sommige mensen zullen gered worden door hun geloof vast te houden, zonder de Here te verloochenen en hun eigen leven te offeren in martelarenschap onder de regering van de antichrist tijdens de grote Verdrukking. Dis is de zogenaamde "moeizame redding" .

God heeft diepe geheimen die Hij heeft voorbereid voor de moeizame redding van Gods uitverkoren Israël. Het zijn de twee getuigen en de plaats Petra.

De verschijning van de bediening van de twee getuigen

Openbaring 11:3 zegt, *"En Ik zal mijn twee getuigen*

lastgeven om, met een zak bekleed, te profeteren, twaalfhonderd zestig dagen lang. " De twee getuigen zijn mensen die God heeft voorbestemd in Zijn plan van voor de grondlegging der wereld, om Zijn uitverkorenen, Israël te redden. Zij zullen tot de Joden in Israël getuigen dat Jezus Christus de Ene en Enige Messias is waarover het Oude Testament profeteert.

God heeft tegen mij gesproken over de twee getuigen. Hij legde uit dat ze niet zo oud zijn, ze wandelen in gerechtigheid, en hebben oprechtte harten. Hij liet mij een soort belijdenis zien van een van de twee tot God. Zijn belijdenis zei dat hij geloofde in het Judaisme, maar dat hij gehoord had dat vele mensen in Jezus Christus geloofden als de Redder en over Hem spraken. Dus, hij bidt tot God om hem te helpen te onderscheiden datgene wat juist en waarheid is, zeggende,

"Oh, God!

Wat is het probleem in mijn hart?
ik geloof dat alle dingen de waarheid zijn
die ik gehoord hebvan mijn ouders
sinds ik jong was,
maar wat betekenen deze problemen en vragen in mijn hart?

Vele mensen spreken en praten over de Messias.

Maar als er maar iemand was die mij duidelijk

kon tonen met helder bewijs
of het goed is om hen te geloven
of enkel te blijven bij datgene wat
ik in mijn jeugd geleerd heb,
dan pas zal ik vreugdevol en dankbaar zijn.

Maar ik kan niets zien,
en om datgene te volgen waar deze mensen over spreken,
moet ik alle dingen, die ik sinds mijn jeugd onderhouden heb,
 als zinloos en dwaas beschouwen,
Wat is echt rechtvaardig in Uw ogen?

Vader God!
Als U het wil,
toon mij een persoon,
die alles kan bevestigen en alle dingen begrijpt.
Laat hem voor mij komen en mij onderwijzen
wat echt waar en correct is.

Wanneer ik naar de hemel kijk,
heb ik dit probleem in mijn hart,
en als er iemand is die dit probleem kan oplossen,
laat hem aan mij zien.

Ik kan alle dingen die
ik gelooft heb niet verraden in mijn hart,
en wanneer ik over al deze dingen nadenk,

als er iemand is die mij kan onderwijzen
en ze aan mij kan laten zien,
als hij mij enkel de waarheid kon laten zien,
zullen al deze dingen niet als verraad zijn
die ik gezien en geleerd heb.

Daarom, Vader God!
Laat het mij alstublieft zien.

Geef mij kennis over al deze dingen.

Ik ben verontrust over zovele dingen.
Ik geloof dat alle dingen die ik tot
nu toe gehoord heb de waarheid zijn.

Maar als ik ze keer op keer overdenk,
heb ik vele vragen, en mijn dorst is niet gelest;
waarom is dat zo?

Daarom, enkel wanneer ik alle dingen kan zien
en zeker kan zijn over hen,
enkel als ik zeker weet dat dit geen verraad is
tegen de manier waarop ik tot nu toe gewandeld heb,
als ik enkel de echte waarheid kan zien,
enkel als ik alle dingen kan weten,
waarover ik gedacht heb,
zal ik in staat zijn om opnieuw vrede

in mijn hart te verkrijgen."

De twee getuigen, die Joden zijn, zoeken ernstig naar de zuivere waarheid, en God zal hen antwoorden en een man van God tot hen zenden. Door de man van God zullen zij de voorziening van Gods menselijke ontwikkeling verstaan en Jezus Christus aannemen. Ze zullen op de aarde blijven tijdens de zevenjarige grote verdrukking en de bediening tot bekering en redding van Israël doen. Ze zullen bijzondere kracht van God ontvangen en getuigen van Jezus Christus tot Israël.

Zij zullen volledig geheiligd voortkomen in de ogen van God en gedurende 42 maanden hun bediening doen, zoals geschreven staat in Openbaring 11:2. De reden dat de twee getuigen uit Israël komen is omdat het begin en het einde van het evangelie Israël is. Het evangelie werd verspreid over de wereld door de apostel Paulus en nu wanneer het evangelie opnieuw Israël bereikt, welke het begin punt is, zal het werk van het evangelie volmaakt zijn.

Jezus zei in Handelingen 1:8, *"Maar gij zult kracht ontvangen, wanneer de heilige Geest over u komt, en gij zult mijn getuigen zijn te Jeruzalem en in geheel Judea en Samaria en tot het uiterste der aarde."* "De uiterste delen van de aarde" verwijst hier naar Israël welke de uiteindelijke bestemming van het evangelie is.

De twee getuigen zullen de boodschap van het kruis preken aan de Joden en hen uitleggen over de weg van redding met de vurige kracht van God. En ze zullen ontzagwekkende wonderen en tekenen doen, die hun boodschap zullen bevestigen. Ze zullen de kracht hebben om de hemel te sluiten, zodat er geen regen meer zal vallen gedurende de dagen van hun profetieën; en ze zullen kracht hebben over het water om in bloed te veranderen, en de aarde te slaan met plagen, zovaak ze maar willen.

Door deze zullen vele Joden terug keren tot de Here, maar tegelijkertijd, zullen anderen beperkt worden door hun geweten en proberen om de twee getuigen te doden. Niet alleen de Joden, maar ook vele goddeloze mensen van andere landen onder de beheersing van de antichrist zullen de twee getuigen haten en hen proberen te doden.

Het martelarenschap van de twee getuigen en hun opstanding

De kracht die de twee getuigen hebben is zo groot dat niemand hen zal durven te pijnigen. Uiteindelijk zullen de autoriteiten van de naties deelnemen aan het doden van hen. Maar de reden waarom de twee getuigen gedood zullen worden is niet vanwege de autoriteiten van de naties, maar omdat het de wil van God is voor hen om martelaren te worden op de aangewezen tijd. De plaats waar zij gedood zullen worden, is geen andere plaats dan de plaats waar Jezus gekruisigd werd en dat suggereert ook hun opstanding.

Toen Jezus gekruisigd was, bewaakten de Romeinse soldaten Zijn graf zodat niemand Zijn lichaam zou stelen. De mensen die de Twee getuigen doden, zullen dat herinneren en zich zorgen maken dat mensen hun lichaam willen stelen. Dus zullen ze niet toestaan dat de lichaam in een graf begraven worden, maar hun lichamen in de straat leggen, zodat alle mensen van wereld kunnen kijken naar hun doodde lichamen. Wanneer zij, die goddeloos zijn en hun geweten verhard hebben, omwille van het evangelie die de twee getuigen bracht, dit zien, zullen zij zich verheugen in hun dood.

De hele wereld zal zich verheugen en feest vieren, en de multimedia zal het nieuws over hun dode lichamen verspreiden over de gehele wereld, via satelieten gedurende drie en eenhalve dag. Na drie en een halve dag zullen de twee getuigen opstaan. Ze zullen opnieuw levend worden, opstaan en opgenomen worden in de hemel in de wolk van glorie zoals Elia opgenomen werd in de hemel in een wervelwind. Dit verbazingwekkingde tafereel zal uitgezonden worden over de gehele wereld en talloze mensen zullen het zien.

En in dat uur zal er een grote aardbeving zijn , en een tiende van de stad zal vallen en zeven duizend mensen zullen gedood worden door de aardbeving. Openbaring 11:3-13 beschrijft het tot in detail.

En Ik zal mijn twee getuigen lastgeven om, met een zak bekleed, te profeteren, twaalfhonderd zestig dagen lang. Dit zijn de twee olijfbomen en de twee kandelaren, die voor het aangezicht van de Here der aarde staan. En indien iemand hun schade wil toebrengen, komt er vuur uit hun mond en het verslindt hun vijanden; en indien iemand hun schade wil toebrengen, moet hij zó de dood vinden. Dezen hebben de macht de hemel te sluiten, zodat er geen regen valt gedurende de dagen van hun profeteren; en zij hebben macht over de wateren, om die in bloed te veranderen en om de aarde te slaan met allerlei plagen, zo dikwijls zij willen. En wanneer zij hun getuigenis zullen voleindigd hebben, zal het beest, dat uit de afgrond opkomt, hun de oorlog aandoen en het zal hen overwinnen en hen doden. En hun lijk (zal liggen) op de straat der grote stad, die geestelijk genaamd wordt Sodom en Egypte, alwaar ook hun Here gekruisigd werd. En uit de volken en stammen en talen en natiën zijn er, die hun lijk zien, drie en een halve dag, en zij laten niet toe, dat hun lijken in een graf worden bijgezet. En zij, die op de aarde wonen, zijn blijde en verheugd over hen en zullen elkander geschenken zenden, omdat deze twee profeten hen, die op de aarde wonen, gepijnigd hadden. En na [die] drie en een halve dag voer een levensgeest uit God in hen, en zij gingen op hun voeten staan en grote vrees viel op (allen), die hen aanschouwden. En zij hoorden een luide stem uit de hemel tot hen zeggen:Klimt hierheen op! En zij klommen naar de hemel op in de wolk, en hun vijanden aanschouwden hen. En te dien ure kwam er een grote aardbeving en een tiende deel der stad stortte in, en zevenduizend personen werden door de aardbeving gedood, en de overigen

Waak en luister!

werden zeer bevreesd en gaven de God des hemels eer.
(Openbaring 11:3-13)

Ongeacht hoe koppig ze zijn, als ze ook maar een beetje goedheid in hun hart hebben, zullen zij beseffen dat de grote aardbeving, en de opstanding en ten hemelvaring van de Twee getuigen de werken van God zijn en God de glorie geven. En ze zullen verplicht worden om het feit te erkennen dat Jezus opgewekt werd door de kracht van God ongeveer 2000 jaar geleden. Ondanks al deze gebeurtenissen, zullen sommige goddeloze mensen God niet verheerlijken.

Ik spoor u aan om de liefde van God aan te nemen. Tot het laatste ogenblik wil God dat u gered wordt, en verlangt ernaar dat u zal luisteren naar de getuigen. De Twee getuigen zullen getuigen met grote kracht van God dat ze van God komen. Ze zullen vele mensen wakker maken over Gods liefde en wil voor hen. En ze zullen hen leiden tot het grijpen van de laatste gelegenheid tot redding.

Ik vraag u ernstig, om niet naast de vijanden te staan, die tot de duivel behoren, want zij willen u leiden tot het pad van vernietiging, maar luister naar de Twee Getuigen en bereik redding.

Petra, een schuilplaats voor de Joden

Het andere geheim wat God heeft voorbestemd voor Zijn uitverkorenen, Israël, is Petra, een schuilplaats gedurende de zevenjarige Grote Verdrukking. Jesaja 16:1-4 verklaart deze plaats genaamd Petra.

Heersers des lands, zendt de lammeren van de rotsen de woestijn in naar de berg der dochter van Sion. En het zal geschieden, dat de dochters van Moab als vluchtende vogels, een opgejaagd nest, aan de voorden van de Arnon zullen zijn. Schaf raad, geef een beslissing, maak op de volle middag uw schaduw als nacht, verberg de verdrevenen, verraad de vluchtelingen niet. Laten Moabs verdrevenen bij u vertoeven, wees hun een toevlucht tegen de verwoester. Wanneer het gedaan is met de verdrukker, de vernieling voltooid is, de verwoesters uit het land verdwenen zijn.

Het land Moab bevat het land Jordanie aan de oosterse zijde van Israël. Petra is een archeologische zijde in het zuidwesten van Jordanië, liggend op de helling van de Berg Hor, in een basin, onder de bergen, welke de oostelijke zijde van Arabië vormt (Wadi Araba) de grote vallei die loopt van de Dode Zee naar de Golf van Aqaba. Petra wordt gewoonlijk geidentificeerd als Sela, wat betekent een rots, met als Bijbelse referentie 2 Koningen 14:7 en Jesaja 16:1.

Nadat de Here terug komt in de lucht, zal Hij de geredde zielen ontvangen en genieten van het zevenjarige bruiloftsmaal, en dan zal Hij samen met hen terug keren tot de wereld om gedurende duizend jaar met hen te heersen. Tijdens de zeven

jaren, van de tweede komst van de Here in de lucht, de opname
tot Zijn komst op aarde, zal de grote verdrukking de aarde
bedekken, en de tweede helft van de grote verdukking, drie en
half jaar, - gedurende 1260 dagen zullen de mensen van Israël
zich verbergen op de plaats voorbereid overeenkomstig Gods
plan. De schuilplaats is Petra (Openbaring 12:6-14).

Waarom zullen de Joden zich moeten verbergen?

Nadat God Israel verkozen had, is Israel altijd aangevallen en
vervolgd geweest door talloze heidense rassen. De reden daarvan
is dat de duivel, die altijd opstaat tegen God, geprobeerd heeft
om Israel tegen te houden van de zegeningen van God. Hetzelfde
zal gebeuren tijdens de eindtijd van de wereld.

Wanneer de Joden beseffen door de Zevenjarige Grote
Verdrukking dat hun Messias en Redder, Jezus is, die naar de
aarde kwam 2000 jaar geleden, en zich proberen te bekeren, zal
de duivel hen tot het einde toe vervolgen om te voorkomen dat
de Joden hun geloof vasthouden.

God, die alles weet, heeft een schuilplaats voorbereid
voor Zijn uitverkorenen, Israel, waardoor Hij Zijn liefde voor
hen laat zien en Zijn attente liefde niet zal sparen voor hen.
Overeenkomstig deze liefde en dit plan van God, zal Israel
ontkomen aan de vernietigers en Petra binnengaan.

Net zoals Jezus zei in Matteus 24:16, *"Laten dan wie in
Judea zijn, vluchten naar de bergen."* zullen de Joden in staat
zijn om te vluchten van de Zevenjarige Grote Verdrukking in de

schuilplaatsen van de bergen, en hun geloof kunnen behouden en de redding daar bereiken.

Toen de engel des doods alle eerstgeborene van Egypte vernietigde, namen de Hebreeers snel contact op met elkaar en ontkwamen aan deze plaag door het bloed van een lam aan de twee deurposten te doen en aan de dorpel van hun huizen.

Evenzo zullen de Joden snel contact met elkaar opnemen waar ze heen gaan en verhuizen naar de schuilplaats voordat de regering van de antichrist hen begint te arresteren. Ze zullen weten over de plaats Petra omdat vele evangelisten voortdurend getuigt hebben over de schuilplaats, en zelfs voor degene die niet geloofden, zullen ook zij van gedachten veranderen en de schuilplaats zoeken.

Deze schuilplaats zal niet in staat zijn om vele mensen onder te brengen. In feite, zullen vele mensen die zich bekeert hebben door de Twee Getuigen het niet halen om zich te verbergen in Petra en hun geloof behouden tijdens de grote verdrukking en sterven als martelaren.

De God van liefde door twee getuigen en Petra

Dierbare broeders en zusters, hebt u de kans tot redding verloren door de Opname? Aarzel dan niet om naar Petra te gaan, de laatste kans voor uw redding gegeven door de genade van God. Spoedig zullen er grote verschrikkelijke rampen komen door de Antichrist. U moet u zelf verbergen in de Petra voordat de deur van de laatste genade gesloten wordt door de tussenkomst van de antichrist.

Wel, heeft u de kans gemist om Petra binnen te treden? Dan is de enige weg tot het bereiken van redding en het binnen gaan van de hemel door de Here niet te verloochenen en het teken van het beest "666" niet aan te nemen. U zult allerlei folteringen en vervolgingen moeten overwinnen en de martelarendood. Het zal niet gemakkelijk zijn, maar u zult het moeten doen als u wilt ontkomen aan de eeuwige martelingen van de poel des vuurs.

Ik verlang ernstig voor u om u niet af te keren van de weg van redding, door de onfeilbare liefde van God te herinneren ten allen tijde en alles stoutmoedig te overwinnen. Terwijl u strijd en vecht tegen allerlei verleidingen en vervolgingen van de antichrist, die hij u zal brengen, zullen wij broeders en zusters ernstig voor u bidden dat u mag overwinnen.

Maar ons echte verlangen voor u is dat u Jezus Christus aanneemt voordat alle deze dingen gebeuren, en dat u opgenomen wordt in de hemel samen met ons en het bruiloftsmaal mag binnentreden wanneer onze Here terugkomt. We bidden onophoudelijk met tranen van liefde dat God de daden van geloof van uw grote vaders en de verbonden die Hij gemaakt heeft met hen zal herinneren en u de grote genade van redding opnieuw zal schenken.

In Zijn grote liefde, heeft God de Twee getuigen voorbereid en Petra, zodat degene van u die Jezus Christus aannemen als de Messias en Redder, redding mogen bereiken. Tot op het laatste ogenblik van de geschiedenis van de mensheid spoor ik u aan om deze onfeilbare liefde van God te herinneren die je nooit opgeeft.

Voorafgaand aan het sturen van de Twee Getuigen in voorbereiding tot de komende Grote Verdrukking, heeft de God van liefde een man van God gezonden en liet hem vertellen wat er zal gebeuren in de eindtijd van de wereld en leidt u tot het pad van redding. God wil niet dat iemand van u te midden van de zevenjarige grote verdrukking blijft. Zelfs wanneer u op de aarde blijft na de opname, wil Hij dat u grijpt en vasthoudt aan de redding. Dat is de grote liefde van God.

Het zal niet lang meer duren voor de Zevenjarige Grote Verdrukking begint. In die grote onbeschrijfelijke verdrukking, door de gehele geschiedenis van de mensheid, zal onze God Zijn geliefde plan voor Israel vervullen. De geschiedenis van de menselijke ontwikkeling zal vervolledigd worden samen met de vervolmaking van de geschiedenis van Israel.

Veronderstel dat de Joden de echte wil van God gaan begrijpen en Jezus aannemen als hun Redder, nu op dit moment. Zelfs dan wanneer de geschiedenis van Israel welke opgeschreven is in de Bijbel, gecorrigeerd zou moeten worden en opnieuw geschreven, zou God gewillig zijn om dat te doen. Dat komt omdat God Israel lief heeft, meer dan wij kunnen voorstellen.

Maar vele Joden zijn weg, gaan en zulllen hun eigen weg gaan totdat ze het kritieke moment ontmoeten. God, de almachtige die alles weet wat er in de toekomst gaat gebeuren, heeft een laatste kans tot redding voorbestemd en leidt hen door Zijn onfeilbare liefde.

> *Zie, Ik zend u de profeet Elia, voordat de grote en geduchte dag des HEREN komt. Hij zal het hart der vaderen terugvoeren tot de kinderen en het hart der kinderen tot hun vaderen, opdat Ik niet kome en het land treffe met de ban. (Maleachi 4:5-6)*

Ik geef alle dank en glorie aan God die leidt tot de weg van redding, niet alleen voor Israel, Zijn uitverkorenen, maar ook voor alle naties met Zijn eindeloze liefde.

De auteur:

Dr. Jaerock Lee

Dr. Jaerock Lee werd geboren in Muan, Provincie Jeonnam, Republiek van Korea, in 1943. In zijn twintiger jaren, leed Dr. Lee aan verschillende ongeneeslijke ziektes gedurende zeven jaar en wachtte op zijn dood zonder enige hoop op herstel. Op een dag in de lente van 1974, echter, werd hij naar een kerk geleid door zijn zuster en toen hij neerknielde om te bidden, genas de levende God hem onmiddellijk van al zijn ziektes.

Vanaf die tijd, ontmoette Dr. Lee de levende God door deze wonderlijke ervaring, hij heeft God lief met zijn hele hart en in oprechtheid, en in 1978 werd hij geroepen om een dienstknecht van God te zijn. Hij bad vurig zodat hij duidelijk kon de wil van God begrijpen en het volledig te vervullen en alle woorden van God te gehoorzamen. In 1982, richtte hij de Manmin Kerk op in Seoul, Zuid-Korea, en ontelbare werken van God, inclusief wonderlijke wonderen van genezing en tekenen, hebben plaats gevonden in zijn kerk.

In 1986, werd Dr. Lee aangesteld als een voorganger in de Jaarlijkse

Assembly of Jesus' Sungkyul Kerk van Korea, en 4 jaar later in 1990, werden zijn boodschappen uitgezonden in Australië, USA, Rusland, de Filippijnen en nog meer landen door de Far East Broadcasting Company, de Asia Broadcast Station, en de Washington Christian Radio System.

Drie jaar later in 1993, werd de Manmin Central kerk uitgekozen tot een van de "werelds top 50 kerken" door het *Christian World* magazine (US) en hij ontving een Ere doctoraat van Godgeleerdheid van het Christian Faith College, Florida, USA, en in 1996 een Ph. D. in de Bediening van Kingsway Theological Seminary, Iowa, USA.

Sinds 1993, heeft Dr. Lee de leiding genomen in de wereld zending door vele overzeese campagnes in Tanzania, Argentinië, Oeganda, Japan, Pakistan, Kenia, de Filippijnen, Honduras, India, Rusland, Duitsland, Peru, Democratisch Republiek van Kongo, New York van de USA, Israël en Estland, en in 2002 werd hij een "wereldwijde voorganger" genoemd door de grootste Christelijke krant in Korea voor zijn werk in de verschillende overzeese campagnes.

Vanaf April 2012, is Manmin Central Kerk een gemeente met meer 120,000 leden en 10,000 binnenlandse en buitenlandse dochtergemeentes over de hele wereld, en heeft meer dan 129 zendelingen uitgezonden naar 23 landen, inclusief de Verenigde Staten, Rusland, Duistland, Canada, Japan, China, Frankrijk, India, Kenia, en veel meer.

Tot op heden, heeft Dr. Lee 64 boeken geschreven, inclusief bestsellers als *Het Eeuwige Leven Smaken voor de Dood, Mijn Leven Mijn Geloof I & II, De Boodschap van het Kruis, De Mate van Geloof, De Hemel I & II, De Hel, Maak Israël wakker,* en *De Kracht van God,* en zijn werken zijn vertaald in meer dan 73 talen.

Dr. Lee is tegenwoordig oprichter en president van een aantal zendingsorganisaties en verenigingen, evenals voorzitter, The United Holiness Church of Jesus Christ; President, Manmin World Mission; Oprichter en bestuursvoorzitter, Global Christian Network (GCN); Oprichter en Bestuursvoorzitter, The World Christian Doctors Network (WCDN); and Oprichter en Bestuursvoorzitter, Manmin International Seminaar (MIS).

De Hemel I & II

Een gedetailleerde weergave van een prachtige leefomgeving waar de hemelburgers genieten en een mooie omschrijving van de verschillende niveaus van hemelse koninkrijken.

Mijn Leven, Mijn Geloof I & II

Een zeer geestelijk geurend aroma weergegeven van het leven dat bloeide met een onmetelijke liefde voor God, te midden van de donkere golven, koude juk en in de diepste wanhoop.

De Boodschap van het Kruis

Een krachtige boodschap die alle mensen wakker maakt die geestelijk slapen! In dit boek zult u de reden terugvinden waarom Jezus de enige Redder is en de echte liefde van God.

De Mate van Geloof

Wat voor soort verblijfplaats, kroon en beloningen zijn voor u voorbereid in de hemel? Dit boek voorziet van wijsheid en leiding voor u om uw geloof te meten en ontwikkelt de beste en meest volwassen geloof.

De Hel

Een ernstige boodschap voor de gehele mensheid van God, die niet wil dat ook maar een ziel valt in de diepten van de Hel! U zult ontdekken de nooit-eerder-geopenbaarde weergave van de wrede realiteit van het Ondergraf Hades en de Hel.